O PARADOXO DA PAIXÃO

OUTRAS OBRAS DE BRAD STULBERG E STEVE MAGNESS

Peak Performance

OUTRAS OBRAS DE STEVE MAGNESS

The Science of Running

BRAD STULBERG | STEVE MAGNESS

AUTORES DO BEST-SELLER *PEAK PERFORMANCE*

O PARADOXO DA PAIXÃO

UM MANUAL PARA APOSTAR TUDO, TER SUCESSO E APROVEITAR AS VANTAGENS DO DESEQUILÍBRIO

ALTA BOOKS
EDITORA

Rio de Janeiro, 2022

O Paradoxo da Paixão

Copyright © 2022 da Starlin Alta Editora e Consultoria Eireli.
ISBN: 978-85-5081-508-4

Translated from original The Passion Paradox. Copyright © 2019 by Brad Stulberg and Steve Magness. ISBN 978-1-63565-343-4. This translation is published and sold by permission of Rodale Books, an imprint of Crown Publishing Group, the owner of all rights to publish and sell the same. PORTUGUESE language edition published by Starlin Alta Editora e Consultoria Eireli, Copyright © 2022 by Starlin Alta Editora e Consultoria Eireli.

Impresso no Brasil – 1ª Edição, 2022 – Edição revisada conforme o Acordo Ortográfico da Língua Portuguesa de 2009.

Dados Internacionais de Catalogação na Publicação (CIP) de acordo com ISBD

S934p   Stulberg, Brad
         O Paradoxo da Paixão: um manual para apostar tudo, ter sucesso e aproveitar as vantagens do desequilíbrio / Brad Stulberg, Steve Magness ; traduzido por Igor Farias. - Rio de Janeiro : Alta Books, 2022.
         192 p. : il. ; 16cm x 23cm.

Inclui índice.
ISBN: 978-85-5081-508-4

1. Autoajuda. 2. Paixão. I. Magness, Steve. II. Farias, Igor. III. Título.

2022-962   CDD 158.1
                    CDU 159.947

Elaborado por Odilio Hilario Moreira Junior - CRB-8/9949

Índice para catálogo sistemático:
1. Autoajuda 158.1
2. Autoajuda 159.947

Todos os direitos estão reservados e protegidos por Lei. Nenhuma parte deste livro, sem autorização prévia por escrito da editora, poderá ser reproduzida ou transmitida. A violação dos Direitos Autorais é crime estabelecido na Lei nº 9.610/98 e com punição de acordo com o artigo 184 do Código Penal.

A editora não se responsabiliza pelo conteúdo da obra, formulada exclusivamente pelo(s) autor(es).

Marcas Registradas: Todos os termos mencionados e reconhecidos como Marca Registrada e/ou Comercial são de responsabilidade de seus proprietários. A editora informa não estar associada a nenhum produto e/ou fornecedor apresentado no livro.

Erratas e arquivos de apoio: No site da editora relatamos, com a devida correção, qualquer erro encontrado em nossos livros, bem como disponibilizamos arquivos de apoio se aplicáveis à obra em questão.
Acesse o site www.altabooks.com.br e procure pelo título do livro desejado para ter acesso às erratas, aos arquivos de apoio e/ou a outros conteúdos aplicáveis à obra.

Suporte Técnico: A obra é comercializada na forma em que está, sem direito a suporte técnico ou orientação pessoal/exclusiva ao leitor.

A editora não se responsabiliza pela manutenção, atualização e idioma dos sites referidos pelos autores nesta obra.

Produção Editorial
Editora Alta Books

Diretor Editorial
Anderson Vieira
anderson.vieira@altabooks.com.br

Editor
José Ruggeri
j.ruggeri@altabooks.com.br

Gerência Comercial
Claudio Lima
claudio@altabooks.com.br

Gerência Marketing
Andréa Guatiello
marketing@altabooks.com.br

Coordenação Comercial
Thiago Biaggi

Coordenação de Eventos
Viviane Paiva
comercial@altabooks.com.br

Coordenação ADM/Finc.
Solange Souza

Direitos Autorais
Raquel Porto
rights@altabooks.com.br

Produtor da Obra
Illysabelle Trajano

Produtores Editoriais
Larissa Lima
Maria de Lourdes Borges
Paulo Gomes
Thales Silva
Thiê Alves

Equipe Comercial
Adriana Baricelli
Daiana Costa
Fillipe Amorim
Heber Garcia
Kaique Luiz
Maira Conceição
Victor Hugo Morais

Equipe Editorial
Beatriz de Assis
Brenda Rodrigues
Caroline David
Gabriela Paiva
Henrique Waldez
Marcelli Ferreira
Mariana Portugal

Marketing Editorial
Jessica Nogueira
Livia Carvalho
Marcelo Santos
Pedro Guimarães
Thiago Brito

Atuaram na edição desta obra:

Tradução
Igor Farias

Copidesque
Luis Valdetaro

Revisão Gramatical
Carol Oliveira
Fernanda Lutfi

Diagramação
Lucia Quaresma

Capa
Paulo Gomes

Editora afiliada à:  ASSOCIADO

Rua Viúva Cláudio, 291 – Bairro Industrial do Jacaré
CEP: 20.970-031 – Rio de Janeiro (RJ)
Tels.: (21) 3278-8069 / 3278-8419
www.altabooks.com.br — altabooks@altabooks.com.br
Ouvidoria: ouvidoria@altabooks.com.br

Para Caitlin. Eu te amo.

E para Eric e Brooke.
Obrigado pela ajuda no momento em que mais precisei.

Para os mentores que incentivaram minha paixão:
Gerald Stewart, Michael Del Donno e Bob Duckworth

Sumário

AGRADECIMENTOS — IX

INTRODUÇÃO: POR QUE ESCREVER UM LIVRO SOBRE PAIXÃO? — 1

1. **A PAIXÃO EXIGE CUIDADO** — 5
2. **AS ORIGENS DA PAIXÃO:** UMA BREVE HISTÓRIA DE SOFRIMENTO E AMOR — 11
3. **ENCONTRE E DESENVOLVA SUA PAIXÃO** — 31
4. **QUANDO A PAIXÃO VAI PELO CAMINHO ERRADO** — 53
5. **O MELHOR TIPO DE PAIXÃO** — 73
6. **A ILUSÃO DO EQUILÍBRIO** — 105
7. **A AUTOCONSCIÊNCIA E O PODER DA ESCOLHA** — 119
8. **VIRANDO A PÁGINA:** COMO SE DESLIGAR DE UMA PAIXÃO COM INTELIGÊNCIA — 141

CONCLUSÃO: VIVENDO UMA PAIXÃO PRODUTIVA — 159

NOTAS — 163

SOBRE OS AUTORES — 173

ÍNDICE — 175

Agradecimentos

Escrever este livro foi um trabalho em equipe — um grupo formado não apenas pelos dois autores, mas por muitos colaboradores especiais. Por isso, convidamos os leitores a compartilharem dos nossos agradecimentos às seguintes pessoas:

Antes de mais nada, queremos agradecer à nossa equipe principal, que está sempre apoiando nosso trabalho e superando as expectativas. Agradecemos à Caitlin Stulberg, por ter demonstrado, mais uma vez, que não é apenas a esposa incrível de um dos autores, mas uma editora excepcional para nós dois. Quase todas as páginas deste livro — e um dos autores — estão melhores por causa dela.

Também agradecemos ao nosso agente, Ted Weinstein, que está sempre incentivando nosso desenvolvimento intelectual e expressando suas opiniões com sinceridade — as melhores habilidades de um agente.

Ao nosso editor de aquisições, Mark Weinstein, que começou a nos animar a escrever este livro menos de uma semana depois de ter publicado nossa primeira obra. Ele acreditou no conceito desde o início e nos deu um voto de confiança.

Agradecemos também à nossa atual editora, Donna Loffredo. Pouco depois da conclusão da primeira versão do manuscrito, nossa editora anterior foi vendida para o Crown Publishing Group, um selo da Penguin Random House. Francamente, não fazíamos ideia do que esperar. Bem, o que aconteceu foi o seguinte: Donna se encarregou do livro e superou todas as nossas expectativas. Analisou o manuscrito e desenvolveu bastante o conceito (e o texto). Como resultado, o livro ficou mais interessante, elegante e perspicaz. Donna, você se revelou uma parceira perfeita. Foi muita sorte o universo ter colocado este livro e nós (os autores) nas mãos dela. Além de Donna, também gostaríamos de agradecer a todos da equipe da Crown. Brianne Sperber, Connie Capone e Shauna Barry moveram mundos e fundos para que este livro pudesse chegar ao maior número possível de leitores. Ivy McFadden e Alisa Garrison eliminaram nossos erros gramaticais e deixaram o texto brilhando.

Também queremos agradecer aos leitores das primeiras versões; seus comentários melhoraram imensamente este livro. Obrigado a Zack Bloom, Emily Magness, Hillary Montgomery, Alan McClain, Andy Stover e Brian Barraza.

Também queremos agradecer aos mentores e bons amigos que nos incentivaram a escrever este livro e cuja influência, ao longo dos anos, orientou a mensagem veiculada nele. Temos a sorte de sempre contar com bons professores e um círculo de pessoas que valorizam a sabedoria e a bondade. Nossos agradecimentos especiais a Justin Bosley, David Epstein, Mario Fraioli, Vern Gambetta, Adam Grant, Bruce Grierson, Michaela Hoffman, Alex Hutchinson, Jon Marcus, Danny Mackey, Mike Joyner, Bob Kocher, Kelly McGonigal, Rich Roll e Melissa Stern.

Agradecemos também às publicações em que nossos textos aparecem regularmente, como a revista *Outside* (em especial Wesley Judd e Matt Skenazy, editores de Brad) e a *New York Magazine* (em especial Melissa Dahl, editora de Brad). Algumas das histórias e ideias citadas neste livro apareceram antes nas colunas de Brad na *Outside* e na *New York Magazine*. É uma grande honra escrever com frequência para esses veículos de alto nível.

Claro, agradecemos também às pessoas cheias de paixão que protagonizaram as histórias compartilhadas neste livro e nos ajudaram a formular tudo que escrevemos. Como os nomes são muitos, queremos destacar os atletas de Steve e os clientes de Brad, com quem temos o privilégio de trabalhar nesses pontos diariamente.

Por fim, agradecemos às nossas famílias, que sempre nos apoiaram nessa corrida pela materialização de nossas paixões. Sem elas, nada disso seria possível. Caitlin Stulberg, Linda e Bob Stulberg, Eric Stulberg, Lois Stulberg, Bob e Elaine Appel, Randee e Bob Bloom, William e Elizabeth Magness, Phillip e Emily Magness: muito obrigado.

Introdução

Por Que Escrever Um Livro Sobre Paixão?

No livro *Peak Performance*, fizemos uma investigação profunda sobre a arte e a ciência da performance humana. Analisamos práticas de excelência baseadas em evidências; descrevemos como os melhores atletas, artistas e pensadores aplicam essas técnicas e explicamos como o leitor também pode fazer isso. No entanto, ao longo de nossas pesquisas e do processo de escrita, percebemos que esse foco nas práticas acaba deixando de lado um ponto crucial. Os maiores sempre têm algo em comum: um ímpeto obstinado. Uma fome eterna. Um desejo nunca saciado. Paixão.

Em nossa carreira como autores e coaches de atletas, executivos e empreendedores excepcionais, tivemos a sorte de criar laços com muitas pessoas que injetam uma dose enorme de paixão em tudo que fazem. Em resumo, elas nunca estão satisfeitas. Elas se dão bem nas situações mais adversas. Desafiam constantemente todos os limites. A grande alegria delas é investir tudo de si em uma atividade.

Pode soar pretensioso, mas às vezes reconhecemos esse ímpeto em nós mesmos. Talvez isso ocorra com você também. Como autores, adoramos ficar imersos na escrita. Nossos colaboradores mais próximos avisaram que era uma má ideia iniciar este livro antes de terminar o anterior, mas não deu para segurar. Apesar das dúvidas (por exemplo: "Será que é muito cedo para lançar outro livro…"), a página em branco emitiu seu chamado e não conseguimos resistir à atração. Era *necessário* desenvolver nossas ideias e sentar para escrever o texto.

Mas, apesar de nossa alegria com este livro, precisamos reconhecer que esse desejo intenso também tem um lado sombrio, que excede o limite do razoável. Em geral, a paixão consome o tempo e a energia que seriam dedicados à família, aos amigos e a outras atividades, às coisas simples da vida. A paixão em excesso, sobretudo quando não há uma autoconsciência forte (veremos isso mais adiante), pode causar um terremoto em sua vida e levar ao *burnout*. Na verdade, esse aspecto, ou dilema, é comum a quase todos os apaixonados que conhecemos. Não há como evitar; no ápice da paixão, você está tão fixado em algo que nada mais importa. Isso pode ser bom, ruim ou, como na maioria das vezes, bom e ruim ao mesmo tempo.

Depois de observar esse ímpeto apaixonado em atletas olímpicos, inventores fantásticos, artistas originais e empresários bem-sucedidos, e de experimentá-lo diretamente, passamos a questionar: *De onde vem essa paixão tão intensa? Como identificar e estimular esse sentimento? Como tomar a decisão de seguir uma paixão que, aparentemente, é incompatível com outras obrigações? Como a paixão desaparece? Ela é sempre positiva? Ou se parece com um vício? Existe uma forma correta de conviver com a paixão? De mergulhar de cabeça em alguma coisa?*

SEGUNDO O SENSO COMUM, DEVEMOS ENCONTRAR E seguir nossas paixões, devemos *ser* apaixonados. É isso que os pais, professores, treinadores e oradores dizem. No entanto, para uma corrente cultural cada vez mais forte, seguir uma paixão é um ato irresponsável e até imprudente: um passaporte para a *insatisfação*, aflição e uma saúde precária. Na verdade, os dois argumentos estão certos. Como veremos nas próximas páginas, por mais que nossa cultura goste de simplificar as coisas — tudo deve ser deste ou daquele jeito, ou isto ou aquilo —, a dinâmica da paixão não é tão nítida. Sim, a paixão pode ser uma bênção; é um sinal de excelência e anuncia um grande sucesso. Mas, se não for viabilizada com inteligência e atenção, a paixão rapidamente se torna uma maldição, algo bem mais destrutivo do que produtivo. Essa paixão sombria prolifera em uma cultura que condiciona as pessoas a desejarem soluções rápidas e gratificação instantânea, a se avaliarem com base no número de "seguidores" e "amigos" nas redes sociais e a ouvirem toda hora que "vencer não é tudo, mas é a única coisa que importa"; uma cultura centrada em conquistas e que nos obriga a entregar resultados custe o que custar.

Felizmente, como veremos mais adiante, essa escolha entre seguir ou não sua paixão — e entre tomar um rumo positivo ou negativo — cabe só a você. A paixão, quando bem viabilizada, é uma prática contínua, que proporciona não só uma experiência profissional maravilhosa, mas uma ótima experiência de vida.

ESTE LIVRO COMEÇOU COMO UMA EXPLORAÇÃO pessoal para nós, Brad e Steve. Queríamos encontrar uma forma de conviver com a paixão de maneira construtiva, saudável e sustentável.* Então, lemos textos de biologia, psicologia, antropologia e filosofia; entrevistamos pesquisadores revolucionários do mundo inteiro; conversamos e analisamos não apenas aqueles que prosperaram, mas também as pessoas que foram destruídas pela própria paixão; e olhamos bem no fundo de nós mesmos, determinando os aspectos bons, ruins e terríveis do nosso relacionamento com a paixão.

Talvez você saiba onde está no espectro da paixão. Talvez queira seguir uma carreira ou iniciar alguma atividade, mas tem dúvidas e medos. Talvez esteja pensando em investir tudo em uma ideia, como abrir uma empresa ou treinar para ser um atleta de elite. Se já estiver seguindo sua paixão, talvez esteja sentindo o início do *burnout*, negligenciando outros aspectos de sua vida, como amigos e família, ou só se divertindo fora dessa atividade. Talvez ache que já esgotou a paixão obstinada do início. Em qualquer ponto do processo, este livro lhe ajudará a seguir um caminho, ensinará a controlar seu relacionamento com a paixão e a cultivar o tipo de paixão que impulsiona, mas não esgota nem arruína sua vida.

---

* A semente deste livro foi um artigo de Brad para a revista *Outside* intitulado "What Underlies the Relentless Pursuit of Excellence" [O Que Está Por Trás da Busca Obstinada pela Excelência, em tradução livre]. Alguns trechos desse artigo foram incluídos aqui quase sem nenhuma alteração, bem como alguns excertos dos textos de Brad para a *New York Magazine* e o *New York Times*. Brad agradece a esses veículos por terem permitido que ele explorasse algumas das ideias explicadas neste livro.

A Paixão Exige Cuidado

"Nada é tão importante quanto a paixão. Seja qual for sua escolha, seja apaixonado por ela. O mundo não precisa de mais cinza. Por outro lado, as cores nunca são suficientes. A mediocridade nunca é o objetivo de ninguém, mas a perfeição também não deve ser. Nunca seremos perfeitos. Por isso, lembrem-se sempre dos três Ps: paixão + persistência = possibilidade."

—Jon Bon Jovi, aula magna proferida em 2001 na Monmouth University, em West Long Branch, Estado de Nova Jersey[1]

Provavelmente você conhece essa paixão descrita por Bon Jovi — uma dedicação repleta de entusiasmo, garra e comprometimento a uma atividade. Esse sentimento é aclamado e incentivado na maioria dos espaços sociais: na sala de aula, no local de trabalho, no ginásio de esportes etc. Segundo essa lógica, se você descobrir e seguir sua paixão, tudo se encaixará. Mas, na realidade, isso nem sempre ocorre. Muitas vezes, quando encontramos uma paixão, recebemos pouca ou nenhuma orientação sobre os próximos passos. Embora muitas vozes digam para as pessoas *encontrarem* uma paixão, quase ninguém explica *como ser* um apaixonado.

Essa estrada reta até o sucesso, a felicidade e a satisfação prometida pela paixão quase sempre se revela uma rota mais complicada, cheia de armadilhas pelo caminho. Para Elon Musk, magnata do Vale do Silício e fundador da Tesla e da SpaceX: "A realidade é feita de pontos altos incríveis, pontos baixos terríveis e um estresse implacável."[2] Confira algumas rotas negativas associadas à paixão:

- **Agir como escravo de resultados e da validação do público externo.** Após o sucesso inicial, o desejo por mais — mais dinheiro, mais fama, mais seguidores — toma as rédeas da situação. A paixão por *praticar* uma atividade se transforma em uma paixão por conquistas e resultados. Sua autopercepção passa a depender da validação externa, e um fracasso (ou até mesmo uma fase de sucesso moderado) adquire um efeito devastador, causando uma intensa frustração. Sua satisfação diminui (no melhor cenário) e você fica ansioso, deprimido e propenso a condutas antiéticas (no pior cenário);

- **Ficar cego para tudo que não seja sua paixão.** Ficamos tão imersos na atividade que acabamos negligenciando tudo que está fora dela. Seu casamento desmorona. Seus filhos crescem sem a sua presença. Sua saúde decai. Você até se sente bem no momento — afinal, está absorto em algo que ama —, mas os anos passam e chega o arrependimento;

- **Chegar ao *burnout*.** Mergulhar de cabeça em uma paixão é bom por um dia, um mês e até um ano. Mas, sem nenhum controle, a maioria das paixões emite um brilho muito intenso e rápido. Às vezes, queremos pegar mais leve, mas não conseguimos. Você está tão imerso na intensidade da paixão que não percebe como seu investimento físico e emocional é insustentável. Quando vê, sua energia já acabou. O que poderia ter sido uma paixão para a vida inteira e uma obra importante parece só um curto período de euforia e imprudência;

- **Perder a satisfação.** Também existe o risco de um esfriamento gradual da paixão. Vamos a uma história bastante familiar. Aquela atividade que era um hobby incrível vira um trabalho (*É isso aí!*); então vem a impressão de que aquele hobby incrível agora lembra um emprego (*A ideia não era essa!*); em pouco tempo, estará se perguntando como algo que amava tanto se transformou nessa tortura (*Como isso foi acontecer?*). O impossível se torna realidade: sua paixão agora provoca aversão.

Claro, existe uma paixão diferente — e muito melhor. Ela surge quando você mergulha em uma atividade movido pela satisfação de praticá-la. Quando vivencia o sucesso com humildade e o fracasso com uma firmeza controlada. Quando o objetivo se torna o caminho, e o caminho se torna o objetivo. Quando a paixão é alimentada por uma convicção profunda e está em harmonia com todos os aspectos de sua vida. Quando você pratica a autoconsciência para refrear o fluxo irresistível da paixão, adquirindo controle sobre a paixão em vez de se deixar controlar por ela. Quando se sente vivo não só por alguns meses ou anos, mas durante sua carreira (ou vida) inteira. *Essa* é a paixão que desejamos. *Esse* é o melhor tipo de paixão.

Quase todas as paixões começam como interesses fascinantes. Ninguém quer ficar esgotado, desequilibrar a própria vida e perder o gosto pelas coisas. Os caminhos positivos e negativos da paixão — as paixões boas e ruins — têm a mesma origem; se você não impedir esse desvio de rota, a paixão provavelmente seguirá pela trilha errada, muitas vezes de forma despercebida. Em outras palavras, a paixão é algo frágil e exige cuidado. Por isso, as pesquisas apontam que esse sentimento não está ligado apenas aos fatores de felicidade, saúde, desempenho e satisfação, mas à ansiedade, depressão, *burnout* e condutas antiéticas também.

Muitas obras já foram escritas sobre como encontrar a paixão, mas a maior parte delas apresenta poucas evidências e está cheia de equívocos e clichês. Além disso, como vimos, encontrar a paixão é só metade da batalha. Aprender a viabilizar e canalizar o sentimento de maneira produtiva e saudável é a outra metade — tão importante quanto a primeira. Infelizmente, essa metade quase nunca é analisada. Portanto, quando a paixão sai dos trilhos, as pessoas sofrem com alguma versão das situações negativas que descrevemos. Este livro pretende mudar esse quadro. Explicaremos como encontrar e cultivar a paixão e como controlar esse poder imenso para fins

A paixão é algo frágil e exige cuidado.

positivos. Mostraremos que o rumo tomado pela paixão é uma escolha, não algo predeterminado pelo destino. Você aplicará ferramentas práticas para que sua paixão emita um brilho intenso e duradouro e fique em harmonia com tudo em sua vida. E tudo isso sem os clichês típicos dos livros sobre essa temática. Seremos autênticos e honestos, baseando nosso raciocínio não só nas evidências científicas mais recentes, mas no pensamento de alguns dos poetas e filósofos mais influentes do mundo.

Para isso, faremos uma exploração profunda. Examinaremos os fatores biológicos e psicológicos que dão origem à paixão, bem como as histórias de indivíduos movidos por paixões extraordinárias. Alguns casos serão positivos, como os da estrela olímpica Katie Ledecky e do investidor Warren Buffett; outros servirão de alerta, como os do executivo corrupto Jeffrey Skilling, da Enron, e do controverso jogador de beisebol Barry Bonds. Questionaremos a ideia de uma vida "equilibrada", exploraremos como a autopercepção evita futuros arrependimentos e discutiremos a importância das narrativas que contamos a nós mesmos. Veremos por que não podemos deixar a paixão fluir livremente e explicaremos como aplicá-la com inteligência. Porém, para viabilizar o melhor tipo de paixão, primeiro temos que entender suas origens. Começaremos com uma viagem no tempo até uma época muito distante, quando surgiu a noção de paixão.

A Prática da Paixão

- Todos falam que devemos encontrar nossa paixão, mas ninguém nos diz como encontrá-la nem como conviver com ela;
- Em geral, as paixões começam como interesses positivos, mas muitas vezes se desvirtuam em algum ponto;
- Quando não exercemos um controle ativo da paixão, corremos o risco de:
  — Agir como escravos dos resultados e da validação externa;
  — Chegar ao *burnout*;
  — Ter arrependimentos;
  — Perder a satisfação.
- Mas, quando exercemos um controle ativo da paixão, conquistamos uma saúde melhor, mais felicidade e uma satisfação maior com a vida;
- Em outras palavras, há paixões boas e ruins. O rumo tomado pela paixão depende, em grande parte, de você.

2

As Origens da Paixão
Uma Breve História de Sofrimento e Amor

Originada da palavra latina *passio* ("sofrimento"), o significado da palavra paixão ao longo da história foi exatamente esse: sofrimento, aflição e raiva. A princípio, o sofrimento identificado pela paixão era bastante estrito e só descrevia uma determinada pessoa e seu tormento: a tortura atroz imposta a Jesus Cristo durante a crucificação. "A palavra era associada a Cristo de modo singular", explica o professor Timothy K. Beal, diretor do Departamento de Estudos Religiosos da Case Western Reserve University. "Expressava inteiramente o sofrimento dele."[1] Algumas pessoas achavam a morte de Cristo trágica, mas outras acreditavam que havia um propósito mais profundo nesse evento. Em todo caso, durante mil anos, a palavra *passio* só descrevia o sofrimento de Cristo. Incentivar alguém a sentir ou seguir sua *passio* não era uma atitude positiva, mas uma prática tóxica e perigosa.

Porém, o significado de *passio* se ampliou com o tempo. No século XI, a palavra cresceu e foi além da religião, passando a identificar o sofrimento e a dor — tanto física quanto psicológica — de todas as pessoas. Esse uso ainda era muito diferente do significado atual, mas a definição de paixão já não estava mais ligada apenas a Cristo. Alguns séculos depois, quando a Europa saiu da Idade das Trevas, a paixão também deixou seus significados mais sombrios para trás. Então o Renascimento europeu transformou a palavra *passio* em *passioun* e, depois, *passion* ("paixão"). A cada virada histórica, a palavra assimilou novos significados, fazendo a transição entre o sofrimento e a raiva até chegar ao amor e, finalmente, ao desejo avassalador. As artes foram, em parte, responsáveis por essa transformação. Tudo começou com Geoffrey Chaucer, que na obra épica *Contos da Cantuária* empregou a palavra paixão não para indicar sofrimento, mas uma emoção incontrolável e arrebatadora. Depois, outros autores também expressaram a paixão de modo original. Em 1588, Shakespeare empregou a palavra não para descrever uma sensação negativa, mas para aludir a uma emoção muito desejada. Na peça *Tito Andrônico*, ele reformulou o conceito para sugerir o desejo romântico: "And that my sword upon thee shall approve/And plead my passions for Lavina's love" [E que minha espada sobre ti consagre/E declare minhas paixões pelo amor de Lavínia, em tradução livre].[2] Com a prosa de Shakespeare, a paixão começou a abandonar o sofrimento de sua origem e adquirir uma faceta mais atraente e positiva.

No entanto, a paixão só passou a ser associada a um entusiasmo mais intenso no século XVIII: um sentimento de amor e desejo direcionado não só a alguém, mas a uma meta ou atividade. Ainda assim, a popularização da palavra foi bastante lenta. Expressões como "siga sua paixão" e "encontre sua paixão" só se tornaram correntes em meados da década de 1970. Mas, a partir daí, a ideia se difundiu com rapidez. Nos anos 1970, os boomers estavam chegando à maioridade e adotando a postura de "fazer agora pra colher depois". A Segunda Guerra Mundial soava como algo de um passado distante e a Guerra do Vietnã se aproximava do fim. A meta do mundo ocidental começava a mudar da segurança para a autorrealização, uma tendência que se acelerou com a Geração X e, agora, com os millennials. Na época do discurso de Bon Jovi para os formandos da Monmouth University, em 2001, frases positivas e inspiradoras com a palavra *paixão* estavam cada vez mais presentes no dia a dia. Hoje, a paixão é vista por muitos como o elemento fundamental de uma vida boa e produtiva. Somos condicionados a fazer o que for preciso para encontrar e seguir nossas paixões e assim melhorar nossas carreiras, relacionamentos e hobbies. Mas, como veremos mais adiante, não devemos esquecer o significado original da palavra, pois paixão e sofrimento ainda são coisas muito próximas.

> *Paixão e sofrimento ainda são coisas muito próximas.*

UMA REAÇÃO QUÍMICA: A BIOLOGIA DA PAIXÃO

A sensação de mergulhar de cabeça em uma atividade, ideia ou relacionamento soa familiar para quem já foi tocado pela paixão. Ficar apaixonado por alguém ou por alguma coisa desperta a mesma reação. O mundo encolhe e só a atividade ou objeto de desejo parecem ter importância. Você não para de pensar no crush. O pintor não consegue se afastar da tela. Seu corpo está lá, em meio a um jantar com a família, mas a mente flutua em outro lugar, fixada no novo produto que será lançado ou em uma possível alteração na segunda frase do 5º parágrafo da página 34 de seu livro. Foco total. Imersão total. Você foi dominado pela paixão.

Esse afeto arrebatador tem origem no interior do cérebro, estimulado pela dopamina, um poderoso agente neuroquímico. A dopamina excita e direciona a atenção para o objeto em questão. Quando estamos sob sua influência, ficamos animados e nos sentimos vivos. À medida que flui pelo cérebro, saindo das áreas mais primitivas para as mais recentes, a dopamina desencadeia uma série de reações neurológicas que focam um objetivo e criam a expectativa de uma futura recompensa: *Me sentirei bem melhor quando terminar este livro. Só ficarei satisfeito quando lançar o novo produto. Só serei feliz quando tiver aquela mulher ao meu lado. Só terei um pouco de paz quando o quadro estiver na galeria.*

Mas, hipnotizados pela paixão, não vemos que essa provável recompensa — em geral, algum tipo de satisfação — não passa de uma ilusão. Se atingir o objetivo na segunda-feira, talvez se sinta satisfeito no dia, mas provavelmente seu apetite voltará a ser imenso na terça-feira.

Esse desejo insaciável tem uma origem biológica. Diferentemente dos outros neuroquímicos associados ao bem-estar (liberados após a conquista de uma meta), a dopamina, além de ser muito mais potente, é assimilada antes e durante a busca. Essa característica já teve uma grande importância evolutiva. Na pré-história, os caçadores-coletores não podiam optar por satisfazer apenas as demandas nutricionais imediatas. Tinham que acumular alimentos para enfrentar os inevitáveis períodos de escassez. Então a evolução da espécie levou a dopamina — o neuroquímico da avidez — a causar esse desejo intenso e anular os efeitos de outros agentes que induzem bem-estar e satisfação. Não nos viciamos na sensação associada à conquista, e sim na emoção da busca. A dopamina é a molécula do desejo e da motivação. Essa verdade biológica simples, mas importante, viabilizou grandes avanços na história, da sobrevivência da espécie humana no passado às incríveis descobertas científicas de hoje. Em síntese: não estamos programados para uma simples satisfação. Estamos programados para continuar avançando, sempre.

> *Hipnotizados pela paixão, não vemos que a provável recompensa que desejamos — em geral, algum tipo de satisfação — não passa de uma ilusão. Não nos viciamos na sensação associada à conquista, e sim na emoção da busca.*

> *Não estamos programados para uma simples satisfação, mas para continuar avançando, sempre.*

QUANDO A LENDA DA ULTRAMARATONA ANN TRASON tinha 2 anos, seus pais amarravam sinos nos sapatos dela. "Eu estava sempre correndo, e eles tinham que me rastrear de alguma forma", lembra. Durante sua infância não havia tantas crianças diagnosticadas com transtorno de deficit de atenção com hiperatividade (TDAH) quanto hoje, mas Trason, aos 59 anos de idade, afirma que era uma excelente candidata. Pesquisas recentes sugerem que indivíduos com tendências ao TDAH talvez sejam menos sensíveis à dopamina e, portanto, precisam de uma dose maior do agente neuroquímico para atingir a satisfação.³ Isso explica a predisposição deles para a prática de atividades com um entusiasmo implacável, que libera um nível maior de dopamina. Para Trason, que ainda lembra como era difícil ficar quieta e prestar atenção às aulas na escola, correr se tornou uma válvula de escape, uma atividade em que gastava toda sua energia represada e expressava uma motivação obstinada.

Logo depois de sair do colégio, Trason descobriu as ultramaratonas, corridas que duram mais de 20 horas; perto desse esporte, a maratona tradicional parece brincadeira de criança. Quando ela treinava 200km por semana e participava de corridas de 160km, obtinha uma satisfação bem difícil de atingir. Mas isso só durava um instante. Ela experimentou essa sensação várias vezes durante a carreira, como nas ocasiões em que venceu a ultramaratona American River 50 Mile Endurance Run, em 1985, e a Western States Endurance Run, um percurso de 160km, em 1989, e quando quebrou os recordes da Western States Endurance Run e da Leadville Trail 100, em 1994. Essas corridas são importantes e a maioria dos ultramaratonistas só participa delas uma vez, sem nenhuma expectativa de vencer. Mas Trason sempre volta. "Eu queria ir cada vez mais longe", diz. Movida por esse ímpeto, tornou-se a ultramaratonista mais premiada da história e superou as barreiras de gênero que existiam no mundo das corridas e nos esportes de resistência. Ao longo de sua trajetória, Trason venceu a Western States — a competição mais famosa do esporte — *14 vezes*, quebrou mais de 20 recordes mundiais e estabeleceu vários outros; boa parte deles se mantém até hoje.

Perguntamos a Trason — que, além de ser uma atleta excepcional, é muito bem educada e bastante analítica — sobre suas inclinações naturais, sobre a garotinha que usava sapatos com sinos amarrados pelos pais. Ela disse: "Muitas vezes, questiono o papel da dopamina. Sempre tive esse desejo de avançar, avançar, avançar — queria ver do que eu era feita, chegar ao meu limite e depois ir mais longe. Isso nunca passou. A bioquímica não explica tudo, mas acho que ela é um dos fatores."[4]

As pesquisas mais recentes confirmam o palpite de Trason. Estudos mostram que até 40% da personalidade humana é herdada. O professor C. Robert Cloninger, psiquiatra da Faculdade de Medicina da Universidade de Washington, em St. Louis, no Missouri, desenvolveu um sistema para avaliar a porção herdada da personalidade, conhecida como temperamento. Sua pesquisa sugere que existe uma ligação entre o temperamento inato e a sensibilidade a determinados agentes neuroquímicos.[5] Cloninger descobriu uma associação bastante próxima entre a "persistência", um dos quatro principais estilos de temperamento, e a insensibilidade à dopamina. Como vimos, a dopamina é liberada durante a busca; portanto, não surpreende que as pessoas insensíveis a ela (e que, portanto, precisam de uma dose maior para se sentir bem) demonstrem persistência, uma determinação inabalável e um ímpeto obstinado. Quanto maior o volume necessário para se atingir a satisfação, maior será a propensão da pessoa a desejar e buscar recompensas extremamente complexas, mesmo que esse objetivo seja nocivo para ela. Em outras palavras, o indivíduo correrá atrás de sua dose de dopamina como um viciado. Embora seja conveniente pensar que alguns aspectos da personalidade, como a persistência, resultam de muito trabalho ou de como fomos criados, a história não é bem assim. Algumas pessoas, como Trason, nascem com uma predisposição para a paixão. No entanto, essa dinâmica biológica pode se impor a todos nós.

À medida que praticamos uma atividade — especialmente as que proporcionam algum feedback positivo, como medalhas de ouro, promoções ou amantes —, o desejo pela dopamina aumenta. Cada vez que mergulhamos nessas buscas, a dopamina é liberada, estimulando nossa animação, atenção e motivação. Com o tempo, e por meio de um processo parecido com o de outras substâncias viciantes, o cérebro fica menos sensível à dopamina e precisamos de doses maiores para atingir a satisfação. Essa avidez nos leva novamente à busca, que desencadeia a liberação de mais dopamina. Então ocorre a formação de um ciclo de desejo, marcado por uma resistência progressiva ao contentamento. Mas é bom ressaltar que esse ciclo é natural. Remonta à nossa programação evolutiva, que induz ao vício na busca de recompensas, e não na conquista delas.

No livro *The Biology of Desire*, o neurocientista Marc Lewis argumenta que essas oscilações na necessidade de dopamina, que levam a um aumento progressivo das doses para se atingir o bem-estar, são causadas pela "repetição de... experiências poderosas que nos impactam profundamente". À medida que essas experiências se tornam mais significativas, as alterações cerebrais ficam mais fortes, em um esquema de retroalimentação. Essas situações, às vezes, envolvem drogas ou álcool: "Sem dúvida, o álcool e a heroína seriam bem menos viciantes e bem mais baratos se estivessem associados a experiências entediantes", escreve Lewis.[6] Mas o processo de se apaixonar e a busca pela excelência no esporte, na arte ou nos negócios também se baseiam na repetição motivada de algo especial? Com certeza essas atividades podem ser tão fascinantes quanto a euforia induzida pelas drogas. Mesmo que os resultados dessas atividades sejam totalmente diferentes dos efeitos de beber e usar drogas, a dinâmica do cérebro é a mesma: ficamos viciados em uma sensação intensa. Como veremos mais adiante, a linha entre um vício destrutivo e uma paixão produtiva, quando há algum limite, é tênue.

A BIOLOGIA DA PAIXÃO TEM ARGUMENTOS CONVINCENtes, mas ainda é muito nova. Talvez a compreensão dos mecanismos bioquímicos associados à paixão mude com o tempo, acompanhando os avanços científicos. No entanto, as evidências confirmam a validade da ideia central: a paixão está em parte ligada ao código genético e se difunde por meio da dinâmica neuroquímica. Algumas pessoas nascem com uma intensa predisposição, mas todos podem ficar viciados na repetição de atividades significativas, como treinar para uma maratona, aprender a tocar guitarra, fundar uma empresa, desenvolver uma carreira e se envolver em um relacionamento afetivo. Quando sentimos um forte desejo de ir atrás

> *A linha entre um vício destrutivo e uma paixão produtiva, quando há algum limite, é tênue.*

de alguma coisa ou pessoa, é a dopamina que está fluindo pelo cérebro, produzindo bem-estar e nos induzindo a voltar continuamente para a busca. É assim que a paixão se retroalimenta.

Parece coerente? Claro. Mas isso explica tudo? Não. Embora a hereditariedade seja um fator importante, a criação e as experiências de vida também são. O DNA se expressa de diferentes formas, de acordo com os incontáveis fatores ambientais que atuam em cada contexto. Gêmeos idênticos têm o mesmo código genético, mas quase sempre levam vidas distintas e experimentam graus variados de paixão. Logo, para entender melhor as causas dessa sensação, devemos analisar não só a biologia, mas a psicologia por trás dela.

A Prática da Paixão

- A sensação da paixão é desencadeada por um agente neuroquímico chamado dopamina;
- A dopamina não induz o bem-estar e a satisfação quando conquistamos algo; na verdade, instiga o desejo pela busca;
- Algumas pessoas nascem com insensibilidade à dopamina e, portanto, têm predisposição à paixão e a obsessões;
- No entanto, todos são suscetíveis à biologia da paixão. À medida que praticamos uma atividade que proporciona recompensas significativas, o volume liberado de dopamina aumenta; com o tempo, desenvolvemos resistência a ela;
- A biologia explica a incompatibilidade entre a incrível sensação da paixão e a incrível sensação de satisfação. A paixão se retroalimenta: à medida que nos aprofundamos na busca, ficamos mais viciados nela.

ALGO A PROVAR:
A PSICOLOGIA DA PAIXÃO

Em 2009, o triatleta Rich Roll foi eleito pela revista *Men's Fitness* "um dos 25 homens mais bem preparados fisicamente do mundo".[7] Mas, diferentemente da ultramaratonista Ann Trason, Roll nem sempre sentiu um fluxo infinito de energia ou demonstrou uma inclinação obsessiva para uma atividade quando era criança. Na verdade, Roll era educado, tímido e bastante calmo. Além disso, sentia-se isolado. "Eu era um garoto meio solitário", diz. "Nunca me adaptava por completo. Eu tinha muitas dúvidas na época [na infância]. Sempre queria provar alguma coisa para mim mesmo e para o mundo."

Roll cresceu em uma família bastante pragmática. "Lá em casa o lema era 'objetivo e força de vontade'", lembra. Embora se saísse muito bem nos estudos (a ponto de ingressar na Stanford University), sempre se via distante das expectativas dos pais. "O nível de exigência era muito alto, eu achava que nunca chegaria nele." Além da vida escolar "atribulada", Roll também tinha dificuldades em contextos sociais. "Eu era um cara muito estranho", explica. "Era sempre o último a ser escolhido pro time, usava aparelho freio de burro e um tapa-olho, sofria bullying, tinha dificuldade pra aprender e por aí vai."

Imagine Roll aos 9 anos. É fácil compreender sua frustração por não corresponder às expectativas. Mas isso começou a mudar no fim do ensino fundamental, quando começou a praticar natação e logo revelou seu talento. "Não me considero um atleta nato, mas sem dúvida a minha habilidade na água era evidente", lembra. Foi aí que, depois de anos de insegurança, Roll descobriu uma área em que podia se destacar. Perguntamos o que passava pela cabeça dele quando começou a participar de competições. "Nadar era uma oportunidade de me afirmar", respondeu. "Lá, eu mostrava que também podia ser bem-sucedido."[8]

Roll passou o ensino médio inteiro na água e se viciou na atividade, desenvolvendo uma ligação bem próxima com a linha preta que cortava o fundo da piscina. Nadar era tudo para ele. Depois de treinar milhares de horas, foi convocado para nadar pela Stanford; em seguida, passou por dificuldades com vícios menos saudáveis — um tema recorrente entre os apaixonados — antes de se tornar um dos melhores triatletas do planeta, completando competições como o Ultraman Triatlo, com um percurso de 515km. Parece que as inseguranças da infância serviram de combustível e a natação foi a faísca que acionou um futuro repleto de paixão para Roll. É possível extrair conclusões mais gerais dessa história?

O professor Alan St. Clair Gibson, da Universidade de Essex, acha que sim. Gibson é especialista em neurociência integrativa. Boa parte de sua vida foi dedicada a analisar a interseção entre a mente e o corpo. Para Gibson, a origem da paixão pode estar (ao menos em parte) em algo que há muito tempo foi chamado por Sigmund Freud de fragilidade do ego. As pessoas bloqueiam eventos nocivos do passado reprimindo as respectivas lembranças e experiências negativas, que são empurradas para as profundezas do inconsciente. Mas essas emoções não podem ser contidas para sempre. Em algum momento, são "liberadas no mundo material por meio de impulsos e desejos, que em geral se expressam como energia investida em uma atividade sem ligação com os eventos reprimidos". Para Gibson, um sinal revelador dessa transferência é "o apego obsessivo a projetos e objetivos".[9]

Claro, Gibson sabe que a psicologia freudiana caiu em desuso, mas a noção de fragilidade do ego — segundo a qual inseguranças e eventos negativos do passado alimentam futuras obsessões sem nenhuma relação aparente com o material reprimido — é confirmada por uma gama de estudos contemporâneos. Por exemplo, pesquisadores da Universidade de Central Lancashire descobriram que muitos indivíduos de alto desempenho, que demonstram uma obstinação implacável, passaram por adversidades e situações negativas — traumas, no jargão científico — no início da vida. Segundo os estudiosos, os atletas que chegam ao ápice em suas modalidades tendem, em geral, a vir de famílias com pais separados e um número maior de irmãos (o que indica uma maior competição pela atenção dos pais). Essa pesquisa deu origem a uma expressão que vem se popularizando: "O talento exige trauma."[10]

Claro, a definição de "trauma" é bastante subjetiva. A morte de um dos pais e a prisão de um irmão, sem dúvida, são eventos traumáticos, mas sofrer bullying no ensino fundamental e não ser convidado para andar com a "galera popular" também podem ser. Todas as experiências disruptivas e, especificamente, os eventos que abalam nossa identidade podem desencadear a paixão e a obstinação no futuro. Segundo Gibson: "O trauma gerado por episódios passados cria um ogro interno que não descansa até conquistar o 'prêmio'."[11]

Muitos traumas remontam a um passado distante, mas não todos. Esta é a história de Jim Clark, um magnata da tecnologia: "Eu tinha 38 anos. Fui demitido. Minha segunda esposa me deixou. Eu havia pisado na bola totalmente. Desenvolvi uma paixão absurda: precisava conquistar *alguma coisa*."[12] Foi na meia-idade, depois de uma série de eventos traumáticos, que Clark se sentiu preparado. Direcionou sua paixão para as novas tecnologias e em pouco tempo seu "ogro interno" revolucionou a internet com o Netscape, o primeiro navegador voltado para o consumo de massa. Depois disso, Clark criou outras empresas de tecnologia, tornou-se um dos primeiros bilionários do Vale do Silício e virou protagonista de um livro escrito por Michael Lewis.[13]

> O talento exige trauma.

Talvez a motivação de Clark tenha sido desencadeada por um desejo de provar algo a si mesmo. Em todo caso, assim que começou a trabalhar, não conseguiu mais parar, mesmo depois do sucesso. Clark não é uma exceção. Os traumas são comuns entre os indivíduos apaixonados, mas a biologia não explica essa dinâmica por inteiro. Além de desencadear um ciclo de dependência de dopamina e uma avidez constante, a busca incessante de um objetivo também serve como fuga. Mergulhar de cabeça em uma paixão faz o mundo diminuir e encobre as dificuldades internas com uma sensação de conforto e controle. As obsessões se tornam um refúgio, uma forma de preencher as lacunas de nossas vidas, uma fuga do caos e do ruído.

Natalie encontrou algo que a completava, que lhe dava uma dose de calor, bem-estar e conforto que era dela por direito. Seguindo uma sequência criteriosa, quase clínica, ela chegaria a um mundo de satisfação que não dependia de ninguém — e que ninguém poderia tirar dela.

Esse trecho, escrito pelo neurocientista Marc Lewis, descreve Natalie, uma viciada em heroína.[14] Mas essa descrição caberia perfeitamente à Natalie nadadora olímpica, artista, escritora, fundadora de startup ou programadora. Não surpreende que tantos atletas, pessoas criativas e empresários excepcionais tenham problemas com substâncias e jogos de azar depois que se aposentam. Quando não nos afastamos das paixões de forma inteligente (um tópico que veremos mais adiante), a biologia e a psicologia que incentivam buscas podem estimular atividades perigosas. A paixão e o vício são faces da mesma moeda.

Este é um bom momento para destacar que a paixão e a dependência nem sempre têm uma relação destrutiva. É o caso de um novo programa chamado Preventure, desenvolvido por Patricia Conrod, professora de psiquiatria da Universidade de Montreal. O Preventure se baseia na relação entre vício e paixão para identificar jovens com traços de personalidade classificados como "de risco" (com propensão à dependência química) e recomendar intervenções preventivas do serviço de orientação escolar. Uma das metas das sessões de orientação é ajudar os alunos a direcionar sua "predisposição ao vício" para atividades produtivas.[15] Em 2013, um estudo analisou mais de 2.600 crianças na faixa etária dos 13 aos 14 anos de 21 escolas britânicas e determinou que o Preventure reduzia o risco de abuso de álcool em 43%. O programa é fantástico para os indivíduos com indicativos "de risco" na infância, pois desvia sua provável trajetória de dependência para uma carreira como empreendedor ou atleta.[16]

"Quando ansiamos por algo, nos apaixonamos ou nos tornamos pais, a capacidade de persistir apesar das consequências negativas — a essência do comportamento compulsivo — não é um bug, mas um recurso, no jargão dos programadores. Essa habilidade pode determinar a vida e a morte, o sucesso e o fracasso", escreve Maia Szalavitz, jornalista especializada em psicologia e neurociência, no livro *Unbroken Brain*. "No entanto, quando as rotas neurais [que estimulam atividades positivas] são desviadas para compulsões, o que era uma vantagem se torna uma maldição. O amor e o vício são desencadeados por alterações nos mesmos circuitos neurais."[17]

Em geral, os comportamentos condenados pela sociedade e os celebrados por ela são determinados pelos mesmos fatores, que podem despertar paixões fantásticas ou descambar para vícios e doenças terríveis. Observando a personalidade hiperativa de Trason, as dificuldades na infância de Roll e os jovens em situação de risco do programa Preventure, percebemos que muitas pessoas dotadas de uma paixão notável — e que acabam sendo muito bem-sucedidas — descobrem uma forma de converter fraquezas biológicas e psicológicas em pontos fortes, aprendendo a controlar e extrair o melhor dessa energia. Nós, os autores, conhecemos profundamente essa dinâmica e adotamos um processo contínuo de autoaperfeiçoamento. A paixão, com sua carga de motivação e obsessão, foi crucial para muitas de nossas conquistas — inclusive este livro —, mas também se fez presente em experiências desagradáveis e terríveis. Brad tem que administrar continuamente seu transtorno obsessivo-compulsivo (TOC), que, nos piores dias, faz com que ele afunde nas profundezas de uma escuridão indescritível e totalmente debilitante. Já Steve nunca recebeu um diagnóstico formal, mas, no auge da carreira como atleta profissional, sempre precisava realizar alguns rituais (como tocar as maçanetas e ligar e desligar um alarme um determinado número de vezes) antes das corridas mais importantes. É bom destacar de novo: a linha entre algo positivo e negativo — entre o produtivo e o destrutivo, entre doses grandes de dopamina que induzam ações criativas ou o caos — é muito tênue.

AGORA TEMOS UMA IMAGEM MAIS NÍTIDA DA PAIXÃO. A princípio a palavra *passio* indicava sofrimento. O termo só passou a ter significados positivos recentemente. No entanto, todas as definições são válidas de acordo com as circunstâncias em questão. A sensação da paixão está ligada aos nossos ancestrais na cadeia evolutiva (natureza) e às nossas experiências de vida (criação). Quando mergulhamos de cabeça em uma obsessão, desafiamos inseguranças latentes, preenchemos lacunas do passado e escapamos de fatos do presente que preferimos evitar. A biologia, e especificamente o agente neuroquímico chamado dopa-

> *As pessoas dotadas de uma paixão notável — e que acabam sendo muito bem-sucedidas — descobrem uma forma de converter fraquezas biológicas e psicológicas em pontos fortes, aprendendo a controlar e extrair o melhor dessa energia.*

mina, instigam a busca. Por isso, estamos sempre voltando para ela e nunca ficamos satisfeitos. Algumas pessoas nascem com um perfil biológico mais propenso à magnetização da paixão, porém, com a repetição de uma atividade significativa, todos podem ficar viciados.

> ### A Prática da Paixão
>
> - Além de suas origens biológicas, a paixão tem um fundo psicológico;
> - O sentimento subjetivo causado por adversidades e "traumas" pode ser direcionado para paixões produtivas;
> - Muitas vezes, as buscas instigadas pela paixão se tornam refúgios psicológicos e ocultam outras lacunas na vida do indivíduo: isso pode ser produtivo (evitando comportamentos destrutivos) e ao mesmo tempo prejudicial (desencorajando a resolução de questões pendentes);
> - A biologia e a psicologia da paixão também desencadeiam vícios; por isso é muito importante direcionar esses ímpetos para fins positivos em nós mesmos e nas pessoas que amamos.

Ao longo deste livro, você aprenderá a encontrar um objeto positivo para a paixão e, quando tiver identificado essa atividade, poderá desenvolver um sentimento construtivo e direcioná-lo para fins produtivos. O Capítulo 3 descreve como encontrar ou reforçar sua paixão: como transformar talentos e interesses em atividades fascinantes. O Capítulo 4 examina os tipos negativos e sombrios de paixão: o que leva uma busca aparentemente produtiva a se tornar destrutiva. Conhecendo esses problemas, você poderá identificá-los e resolvê-los logo no início. O Capítulo 5 analisa o outro tipo de paixão (muito mais desejável), descrevendo a mentalidade que viabiliza um melhor aproveitamento dessa emoção e o direcionamento dela para práticas positivas. Explicaremos o papel da atitude e do ego no encaminhamento da paixão e indicaremos as ferramentas necessárias para mantê-la em harmonia com os demais aspectos da existência. O Capítulo 6 analisa se uma pessoa apaixonada pode mesmo atingir o "equilíbrio". É possível dominar essa busca incessante e ao mesmo tempo aproveitar outras áreas da vida? Vale a pena tentar? Como correr atrás de uma paixão de forma obstinada sem se esgotar? O Capítulo 7 aborda o poder da autoconsciência — por que ela é crucial para conservar a paixão durante toda a vida e como cultivá-la. Por fim, no Capítulo 8, você aprenderá a seguir sua paixão com desenvoltura e ousadia. Ao terminar este livro, esperamos que você tenha uma compreensão mais profunda e diversa do tema, e, mais importante, possa administrar bem sua paixão — para que essa relação seja sempre benéfica e nunca uma maldição.

3

Encontre e Desenvolva Sua Paixão

Desde o início da história, os seres humanos tentam compreender as sensações intensas relacionadas ao amor. Filósofos, artistas, poetas e cientistas já escreveram sobre o tema — empregando abordagens metafísicas, espirituais e bioquímicas. Na infância, ouvimos histórias românticas de amor e paixão, contos de fadas sobre príncipes encantados e fábulas com orientações de como reconhecer essa pessoa especial: isso ocorre à primeira vista; sentimos lá no fundo; não conseguimos parar de pensar na pessoa. Segundo esse discurso, quando encontramos um grande amor, a tristeza vai embora. As frustrações desaparecem quando nossa alma gêmea nos aceita como somos e releva nossas imperfeições. Quando encontramos esse amor verdadeiro, atingimos a satisfação e o bem-estar.

A ideia do amor único está gravada em nossas mentes. Embora nem todos assistam a desenhos animados da Disney com heróis em busca de um grande amor, muitos seguem acreditando piamente na existência de uma pessoa "especial". Segundo uma pesquisa realizada pelo Marist Institute for Public Opinion, 73% das pessoas acreditam em alma gêmea.[1]

Nem sempre foi assim. O termo *alma gêmea* só se popularizou no início do século XX. Antes disso, nossas ideias sobre amor e casamento eram bem mais diversas e, digamos, pragmáticas. Ao longo da história, o amor não esteve associado apenas a emoções fortes, mas à razão. Em geral, os casamentos atendiam a objetivos comerciais, familiares e outros fins pragmáticos. A noção de que o amor sublime nem sempre se expressa como uma atração imediata e intensa vem dos gregos antigos, que identificavam o amor com a prática contínua de conhecer e se aproximar do parceiro — era algo cultivado, não uma conexão instantânea. Em vez de embarcar em uma *procura* incessante pelo par perfeito, durante séculos as pessoas se dedicaram a *desenvolver* laços mais íntimos ao longo do tempo.

Mas, com a popularização do romantismo — uma corrente que valorizava o emocional em detrimento do racional — no século XIX, a postura diante do amor começou a mudar. Para os românticos, as pessoas deviam se orientar por suas emoções e sensações; a razão não era nada. O amor passou a ser uma busca por um sentimento avassalador, pelo magnetismo instantâneo exercido pelo par perfeito. Os cientistas sociais se referem a essa mentalidade como "a crença no destino aplicada ao amor", que continua sendo a visão dominante.

Quais são os efeitos dessa mentalidade? Para começar, segundo os pesquisadores, as pessoas que acreditam no amor como destino são mais propensas a terminar um relacionamento diante do primeiro indício de conflito, pois logo se convencem de que *seu parceiro não é o par perfeito* e preferem continuar a busca pela pessoa especial.[2] Isso porque essa mentalidade atribui um peso crucial à escolha do par perfeito: se você não fizer a opção correta, dificilmente conseguirá corrigir o rumo depois; se não tem certeza total de que encontrou sua alma gêmea, a escolha foi apenas razoável. Infelizmente, essa convicção, muitas vezes, não passa de um equívoco. Trata-se de uma abordagem do tipo "tudo ou nada" que, com frequência, coloca as pessoas em uma busca interminável por uma perfeição de faz-de-conta.

Nossa visão sobre o amor não influencia apenas os relacionamentos, mas a forma como encaramos as paixões. Como mencionamos no capítulo anterior, a paixão e o amor são emoções bastante próximas e interligadas. Portanto, não surpreende que, quando se trata de encontrar uma paixão, o senso comum recomende a busca pela atividade perfeita, como no caso do amor. A expectativa é de que a primeira impressão, a sensação experimentada no início de um novo hobby ou trabalho, emita um sinal claro quando a situação ideal for reconhecida: devemos sentir animação, entusiasmo e energia. Quando não sentimos essas emoções positivas logo no começo, temos que continuar procurando.

No pequeno, mas crescente, mundo da pesquisa sobre a paixão, esse fenômeno é conhecido como *fit mindset* [mentalidade da ligação ideal, em tradução livre] e tem uma grande semelhança com a crença no destino aplicada ao amor. Estudos recentes apontam que 78% das pessoas adotam a mentalidade da ligação ideal, ou seja, acreditam que a felicidade está em encontrar uma atividade ou trabalho pelo qual se apaixonem de imediato, algo que pareça intuitivamente perfeito desde o início.[3]

Embora seja a mais comum, essa mentalidade não é necessariamente a melhor. As pessoas que pensam dessa forma tendem a acreditar demais na primeira impressão. Além disso, são mais propensas a escolher atividades (e, especificamente, profissões) com base em noções preliminares, sem considerar o potencial de crescimento — mesmo que esse fator seja mais importante do que o primeiro para o bem-estar e a satisfação pessoal no longo prazo. Essa mentalidade também aumenta a predisposição ao abandono das novas atividades diante do primeiro sinal de desafio ou decepção, assim como a posturas hesitantes: *acho que isso não é pra mim*. Além disso, estudos demonstram que esses indivíduos antecipam a redução gradual da intensidade das paixões e se preparam para crises de meia-idade, quando o entusiasmo inicial pela atividade em questão tiver diminuído.[4] Quando analisamos esses elementos, chegamos a uma conclusão interessante: a mentalidade da ligação ideal aplicada à paixão é limitante, pois restringe as opções a atividades que causam bem-estar imediato e aumenta a fragilidade frente a desafios e mudanças.

Não ignore seu entusiasmo inicial por novas ideias e atividades durante a busca pela paixão, mas não fique obcecado por encontrar algo que seja perfeito desde o primeiro contato. Como a mentalidade do amor à primeira vista, que muitas vezes impede as pessoas de encontrarem um amor, a mentalidade da paixão fulminante também é um obstáculo nessa busca. Para encontrar a paixão, é melhor adotar outro padrão, passando do perfeito para o interessante, e desenvolver interesses com a mente aberta.

Por exemplo, imagine a decisão de criar um dos filmes de maior bilheteria da história, *Titanic*. À revista *Men's Journal*, o diretor James Cameron disse que não iniciou o projeto com o objetivo de produzir um dos maiores blockbusters de todos os tempos. Suas ambições eram mais modestas: "Acho que os executivos do estúdio não acreditavam no filme, mas eu só queria fazer o *Titanic* para mergulhar até o navio. Pensei: como explorar o Titanic e ser pago por isso? Vou fazer um filme." Cameron só estava desenvolvendo um interesse; o produto final, um dos filmes mais populares do mundo, foi um anexo dessa jornada. Cameron disse à *Men's Journal* que a produção foi fruto de uma "busca pessoal".

Para encontrar uma paixão, é melhor adotar outro padrão, passando do perfeito para o interessante, e desenvolver interesses com a mente aberta.

Agora, vejamos a história de Marissa Neuman, que, aos 32 anos, cursou doutorado em filosofia na Universidade do Texas. Há mais de uma década, Neuman estudou filosofia na graduação. Mas, como muitos estudantes de filosofia, concluiu (e ouviu de muita gente) que era impossível ganhar a vida como filósofa — então foi estudar direito.

Na faculdade de direito, Neuman só se interessava pelas disciplinas de filosofia. Nas horas vagas, não lia as revistas e blogs mais populares da área, como o *Above the Law*. Lia obras de filosofia. Já com o diploma, depois de três anos de faculdade, Neuman percebeu que ficaria insatisfeita e infeliz atuando como advogada. Mas ela tinha que pagar o financiamento estudantil e ainda não sabia como se sustentaria com a filosofia. Então ingressou no mercado do trabalho atuando com publicidade e no desenvolvimento e captação de recursos para ONGs.

À primeira vista, parecia que Neuman tinha se afastado não só da lei, mas da filosofia. Porém, ela continuava desenvolvendo seu interesse: "O que eu mais gostava nos meus empregos eram as conversas estratégicas, que eu sempre incluía nas rotinas. Adorava fazer e tentar responder perguntas profundas, como: Por que estamos fazendo isso? Como podemos concretizar o objetivo?" Alguns colegas deviam achar que ela estava se aproximando dos superiores para cavar uma promoção. Mas não era esse o caso. "Eu só queria participar de conversas profundas, o que só era possível na gerência", lembra. Nessa época, quando não estava trabalhando, continuava lendo obras de filosofia e conversando sobre o tema. Neuman deixava sua mente aberta, mas nunca ficava totalmente absorta na filosofia nem considerava essa área como sua única vocação.

"Durante esse processo, em nenhum momento pensei: 'Só quero trabalhar até pagar a dívida; depois vou partir pra filosofia.' Eu só segui o caminho apontado pela minha curiosidade e me aprofundei nas coisas de que gostava, que achava interessantes". Cinco anos depois, após a quitação do empréstimo que cobrira o curso de direito (felizmente, ela havia recebido uma bolsa de estudos e a dívida não era *tão* grande), Neuman estava participando de seleções para programas de doutorado em filosofia. "Hoje parece que segui um plano traçado desde os 18 anos, quando iniciei a graduação. Mas não foi nada disso. Só segui meus interesses e o caminho foi se revelando para mim."

A palavra "interesse" indica algo que chama sua atenção. Ao se sentir levemente atraído por uma atividade ou ideia, é necessário fazer uma escolha: Vai se permitir ir mais longe, explorar mais? Ou vai deixar pra lá, ignorar e esquecer de tudo, como se tivesse sido apenas um lapso momentâneo de curiosidade? Ao optar por ignorar, você emite uma mensagem intensa — assimilada pelo cérebro com rapidez —, comunicando que a atividade ou ideia em questão não tem nenhum valor considerável. Se você encontrar algo parecido no futuro, seu cérebro não aumentará o nível de excitação, pois já terá recebido a mensagem de que "não há nada aqui que valha a pena". No entanto, quando respondemos positivamente a esses lapsos iniciais de curiosidade, o cérebro realiza o procedimento inverso, formando uma conexão neural que diz: "Vale a pena investir energia e foco nas coisas que me interessam." O interesse é um convite à exploração e chama nossa atenção para atividades com potencial para crescer e originar algo bem maior. Mas isso só ocorre quando aceitamos o convite.[5]

A Prática da Paixão

- Analise sua mentalidade com relação à paixão. É uma "mentalidade de ligação ideal"? Nesse caso, você não está sozinho: pesquisas apontam que mais de 78% das pessoas acreditam que a felicidade está em encontrar um hobby ou trabalho que despertem uma paixão imediata;
- É importante conhecer as ciladas da mentalidade de ligação ideal aplicada à paixão:
  — Maior propensão a desistir de novas atividades diante do primeiro sinal de desafio ou incômodo;

  — Maior propensão a trocar oportunidades de crescimento e desenvolvimento no longo prazo por prazeres efêmeros de curto prazo;

  — Maior predisposição a passar por "crises da meia-idade" conforme suas atividades evoluem com o tempo;

  — Menor probabilidade de encontrar uma paixão duradoura devido ao investimento de energia em uma série de atividades "quase" perfeitas.

- Ao explorar novas ideias e atividades, em vez de buscar a perfeição, procure aquilo que é bom para você;
- Priorize o que é "interessante", não "perfeito". Manter a mente aberta e se divertir ao explorar seus interesses é melhor do que procurar uma perfeição fulminante.

Em geral, no entanto, não investimos na curiosidade. Em alguns casos, dizemos que estamos muito ocupados e logo nos distraímos com nossos smartphones ou com o próximo item da lista de tarefas. Outras vezes, dizemos que esse breve lapso de interesse não aponta para nada que corresponda à nossa identidade; essa forma de resistência é conhecida como síndrome do "isso não é pra mim". Alguns exemplos comuns dessa síndrome são: "Cursei e paguei a faculdade de administração, por que devo ligar pra arte?", "Sou médico, não autor.", "Tenho 64 anos e nunca fiz trabalhos manuais, por que começarei agora?"

A síndrome do "isso não é pra mim" fica mais pesada com o tempo, quando consolida a dependência do caminho: a narrativa de que estamos em um determinado caminho e que a melhor — ou única — opção é permanecer nele. Essa dependência impede a exploração de oportunidades que possam levar a uma vida melhor e mais gratificante. Nunca saberemos se estamos no rumo certo se não sondarmos as coisas que chamam nossa atenção, mesmo que elas aparentemente não correspondam ao nosso caminho ou identidade. Então não caia na cilada de se encastelar em uma categoria, mesmo que isso contrarie suas experiências. Pense no número de possíveis paixões dizimadas

O interesse é um convite à exploração e chama nossa atenção para atividades com potencial para crescer e originar algo bem maior.

por uma mente fechada, pela afirmação constante de que uma atividade ou ideia não merecem atenção, mesmo que ainda não tenham sido exploradas em nenhum nível.

É muito importante cultivar uma postura de exploração, pois o caminho até a paixão pode ser longo e sinuoso, com muitos desvios em bifurcações que levam a atividades, empregos e oportunidades que, inicialmente, parecem emocionantes, mas que acabam se revelando o oposto disso. Levante a cabeça e continue explorando.

> Não caia na cilada de se encastelar em uma categoria, mesmo que isso contrarie suas experiências.

Claro, você não deve sair por aí correndo atrás de tudo que aparecer pela frente, mas mantenha a mente aberta e não se afaste precipitadamente das atividades e ideias que chamem sua atenção. Seja cético com relação à mentalidade da ligação ideal aplicada à paixão e não interrompa atividades só porque elas não são *perfeitas* de cara. Fique à vontade para explorar novos interesses até determinar, com mais precisão, se eles têm potencial para se tornar paixões, algo que muitas vezes está associado a três necessidades básicas.

A Prática da Paixão

- Quando uma ideia ou atividade despertar seu interesse, vá em frente e explore;
- Não se limite a reproduzir sua história pessoal e suas experiências passadas;
- Supere a síndrome do "isso não é pra mim" e deixe que momentos de curiosidade atraiam sua atenção, mesmo que não correspondam ao seu caminho atual;
- Lembre-se: as grandes paixões em geral começam quando alguém segue seus próprios interesses.

SATISFAZENDO NECESSIDADES BÁSICAS

No início dos anos 1970, os psicólogos Edward Deci e Richard Ryan desenvolveram a teoria da autodeterminação, uma ideia que revolucionou o estudo da motivação pela comunidade científica. Deci e Ryan descobriram que, ao contrário do que imagina o senso comum (tanto na época quanto, em grande parte, agora), a motivação para realizar atividades *não* depende essencialmente de recompensas externas como dinheiro, fama e reconhecimento. Na verdade, uma motivação consistente vem da satisfação de três necessidades básicas: competência, autonomia e vínculo social.[6]

1. A **competência** está na sensação de controle sobre o resultado da atividade e na capacidade de progredir com o tempo. Se não for possível melhorar com a prática contínua, por que começar? Se você não percebe nenhum progresso na forma como realiza uma atividade — como um desempenho melhor, mais satisfação ou outra medida de "sucesso" —, por que continuar? A competência expressa um desejo inato de avanços tangíveis nas ações que praticamos. Quando investimos energia em algo, queremos ver resultados;

2. A **autonomia**, também conhecida como *autenticidade*, consiste em atuar de acordo com suas convicções mais íntimas. É uma ligação entre a atividade e sua identidade. O trabalho ou prática devem corresponder a seus valores centrais e expressar algum aspecto de sua personalidade. Infelizmente, como a economia moderna valoriza mais as recompensas externas do que a autorrealização, muita gente já não se importa com essa necessidade básica. Porém, pesquisa-

dores da Universidade de Washington descobriram que a autonomia é crucial para sentimentos consistentes de paixão e felicidade:

> O melhor efeito da racionalização de uma atividade como expressão do verdadeiro eu é a definição de diretrizes e propósito no plano pessoal. Dessa forma, a prática responde a algumas das principais perguntas do indivíduo: "Quem sou eu? O que devo fazer com a minha vida?"[7]

Ao explorar novos interesses, determine se correspondem aos seus valores centrais. Por exemplo: são uma expressão de sua criatividade e de sua liberdade? Ampliam sua inteligência e sua força? Como esses valores são altamente subjetivos, invista no autoconhecimento. Quais são seus ideais? Suas atividades correspondem às suas convicções? Muitas pessoas passam pela vida sem fazer essa reflexão, que, no entanto, melhora bastante a forma como investimos nosso tempo;

3. **Vínculo:** O terceiro componente da teoria da autodeterminação indica nossa ligação com as outras pessoas: a necessidade de conexão e/ou integração com uma estrutura maior. Os seres humanos são animais sociais. A capacidade de atuar de forma coordenada em grupos integrados e a expressão de empatia viabilizaram o desenvolvimento da espécie durante milhares de anos. A cooperação — em atividades como a criação de crianças e jovens, proteção do território, caça e coleta de alimentos para o grupo — aumentou de maneira significativa a taxa de sobrevivência. Essa necessidade de manter um vínculo com outras pessoas e com uma estrutura está literalmente gravada em nosso DNA.

Os melhores trabalhos e atividades nem sempre são coletivos, mas somos mais propensos a gostar de algo que desperte um sentimento de integração a uma rede. Temos muitas opções: você colabora com outras pessoas? Seu trabalho é importante para alguém? Faz avançar o trabalho de seus antecessores? Você está preparando o terreno para seus sucessores? Seu trabalho é uma forma de integração a uma comunidade física ou intelectual? Seja qual for a maneira, a conexão é um elemento crítico.

Se a atividade suprir essas necessidades, você aproveitará a experiência e continuará praticando-a. Para obter uma paixão consistente, quase sempre é necessário satisfazer esses três fatores.

Devemos buscar atividades que atendam a essas três necessidades básicas, pois são práticas que instigam um dos sentimentos mais gratificantes da vida: a sensação de vitalidade e autorrealização, a impressão de que estamos no lugar certo, na hora certa. A chegada desse sentimento é sinal de uma paixão em desenvolvimento. Quando experimentamos essa emoção, a primeira reação é mergulhar nela de cabeça. Mas isso é um erro, pois, como veremos a seguir, a melhor forma de desenvolver uma paixão plena é avançar gradualmente.

AUMENTE A INFLUÊNCIA DA PAIXÃO NA SUA VIDA — INCREMENTALMENTE

Quando começamos a cultivar uma paixão, logo surgem dúvidas simples, porém importantes: *Como investir mais tempo e energia nessa nova paixão? Como aumentar a influência dela em minha vida? Devo apostar tudo nela? Como reconhecer o momento?* No livro *Eu Sou as Escolhas Que Faço*, a artista e escritora Elle Luna argumenta, com muita perspicácia, que a melhor opção é uma imersão rápida e total. Para Luna, as pessoas costumam se ater ao que "devem fazer" — ao caminho mais seguro; à zona de conforto e à rotina; às suas obrigações e ao que se espera delas. Então a autora recomenda que as pessoas tenham a coragem necessária para seguir aquilo que "precisam fazer", as atividades que de fato trazem energia e vitalidade. Ela orienta os leitores que já encontraram uma paixão a desenvolvê-la, a segui-la sem olhar para trás.[8] As recomendações de Luna não são exceções. Vá a uma livraria e procure os títulos sobre paixão. Essas obras geralmente falam a mesma coisa: mergulhe em sua paixão como se não houvesse amanhã.

> ### A Prática da Paixão
>
> - A busca pela paixão parece um caminho longo e sinuoso, mas este roteiro facilita o processo:
>   — Esqueça a perfeição; procure o que for bom para você: não valorize demais a animação inicial diante de um novo emprego, atividade ou hobby. Se espera encontrar uma atividade perfeita de cara, provavelmente ficará desapontado;
>   — Priorize as atividades que atendam às três necessidades básicas: competência, autonomia e vínculo. Esses fatores são cruciais para consolidar a motivação que transformará um interesse em paixão.

Para mergulhar em sua paixão, Luna largou o emprego em uma startup de tecnologia e começou a viver de arte. Essa decisão se revelou uma boa escolha. Algum tempo depois, escreveu um best-seller e agora passa os dias pintando, criando e escrevendo. Segundo Luna, ela teve a coragem de escolher o que "precisava fazer". Muitos acham que é necessário fazer esse tipo de escolha para seguir um novo caminho, correr atrás de seus sonhos e transformá-los em realidade. No entanto, nem sempre é possível ou inteligente escolher o que você "precisa fazer". Nem todos têm ousadia, jogo de cintura e estabilidade financeira suficiente para fazer essa escolha: sair do emprego ou mudar radicalmente outras áreas da vida para apostar tudo em uma nova paixão. Mas tudo bem. Talvez isso até seja uma vantagem, pois quase sempre a melhor forma de aumentar a influência de uma paixão na vida não é optar *apenas* pelo que você "precisa fazer", e sim escolher coisas que você "precisa fazer" e "deve fazer".

Recentemente, o periódico *Academy of Management Journal* publicou o artigo "Should I Quit My Day Job? A Hybrid Path to Entrepreneurship" [Devo Pedir Demissão? Um Caminho Híbrido para o Empreendedorismo, em tradução livre]. Nesse estudo, uma dupla de pesquisadores da Universidade de Wisconsin se propôs a responder uma pergunta bem comum na era das startups: Se você quiser empreender — ou seja, monetizar uma paixão —, é melhor ficar no emprego atual ou pedir demissão? Com base em milhares de entrevistas, concluíram que os empreendedores que ficavam no emprego atual enquanto desenvolviam uma iniciativa no tempo livre — o "empreendedorismo híbrido", segundo o estudo — tinham uma probabilidade 33% menor de

---

Quando começamos a cultivar uma paixão, logo surgem dúvidas simples, porém importantes: Como investir mais tempo e energia nessa nova paixão? Como aumentar a influência dela na minha vida?

A melhor forma de aumentar a influência de uma paixão na vida é optar pelo que você "precisa fazer" e "deve fazer".

fracassar do que os empreendedores que pediam demissão.⁹ A revista *Harvard Business Review* resumiu assim a situação: "Apostar tudo na sua startup pode não ser a melhor opção."¹⁰

Ao apostar tudo em algo, você fica mais vulnerável, especialmente quando se precipita. De natureza financeira ou psicológica, a pressão por resultados muitas vezes dificulta a ponderação e o raciocínio lógico e incentiva decisões irracionais. Quando você aposta tudo, o sucesso se torna uma *necessidade*, não um *objetivo*. Como já disse Billy Beane, célebre executivo do time de baseball Oakland Athletics: "No dia em que você vê que precisa fazer alguma coisa, está ferrado. Só vai fechar negócios ruins."11 Em vez de se colocar nessa situação complicada, talvez seja melhor adotar o modelo que o autor e investidor Nassim Taleb chama de "estratégia do haltere". A imagem do haltere — dois pesos em extremidades opostas — é um símbolo de estabilidade. Um dos pesos representa cenários de baixo risco e baixa rentabilidade; o outro representa cenários de alto risco e alta rentabilidade. Nesse modelo, Taleb vê "uma postura dupla: o indivíduo toma bastante cuidado em algumas áreas e corre riscos em outras", mas sempre evitando o meio-termo, que não é totalmente seguro nem muito rentável.¹²

Essa estratégia traz dois benefícios importantes. Primeiro, sabendo que um resultado negativo não será tão catastrófico, é mais provável que você corra grandes riscos em situações muito promissoras. Além disso, não terá que ser cauteloso demais nem antecipar cada passo ao desenvolver sua paixão. Segundo, no caso de um revés inicial, sua situação será razoável (pois ainda estará empregado) e outros

> *Ao apostar tudo, você fica mais vulnerável, especialmente quando se precipita.*

modelos poderão ser aplicados para aumentar a presença da paixão em questão na sua vida. Em outras palavras, segundo a estratégia do haltere, devemos seguir a paixão de forma incremental. Esse esquema diminui a pressão e admite possíveis erros. Você pode falhar e aprender com seus lapsos. Embora por vezes seja bem chato no curto prazo, esse modelo aumenta as chances de sucesso no longo prazo. Em geral, os adeptos do "tudo ou nada" acabam com nada. Em contrapartida, muitas das pessoas que avançam gradualmente conseguem tudo no fim das contas. Portanto, a melhor opção para aumentar a influência de uma paixão na vida é progredir de modo gradual.

Brad conhece bem a estratégia do haltere. Ele aplicou (e ainda aplica) o modelo para transformar sua paixão por escrever e atuar como coach. Brad tem um emprego na área de consultoria corporativa. O cargo paga bem e o foco principal do trabalho é a assistência à saúde, o que ele acha importante. Além disso, Brad tem contato com executivos do alto escalão e se dá bem com seus colegas de trabalho. Mas, desde criança, ele gosta de escrever (o que não mudou mesmo depois de ele ter sido recusado pela célebre Medill School of Journalism, da Northwestern University) e de atuar como coach. De fato, apesar da rotina frenética da consultoria, ele continuava escrevendo com regularidade em seu blog e orientando várias pessoas. Eventualmente, alguns textos do site se destacaram e trouxeram oportunidades profissionais. Quando publicou sua primeira coluna no importante jornal *Los Angeles Times*, em 2013, e começou a pegar trabalhos de maior prestígio como freelancer,

Em geral, os adeptos do "tudo ou nada" acabam com nada. Já muitas das pessoas que avançam gradualmente, no fim das contas, conseguem tudo.

Brad pensou bastante em largar o emprego.[13] Mas não o fez. Em vez disso, continuou escrevendo em seu tempo livre. Claro, o ritmo de sua rotina como autor e coach só aumentou, então ele diminuiu a jornada da consultoria, mas não pediu demissão; nunca "apostou tudo" nessas atividades. Hoje, com dois livros publicados e vários clientes de coaching executivo, Brad ainda trabalha como consultor em meio período.

Seguindo a estratégia do haltere, Brad passou a ser mais seletivo com relação aos temas e ao público de seus textos e de sua atuação como coach. Também melhorou como escritor. Conseguiu relaxar mais e priorizar a qualidade, pois não precisava produzir um monte de artigos com *clickbaits* só para pagar o aluguel. Ficou mais confiante e utilizou abordagens que teria evitado em outras situações, pois sabia que o fracasso não seria tão ruim. Ele ainda quer se dedicar exclusivamente à escrita e ao coaching? Com certeza. Mas percebeu que a melhor forma de atingir essa meta é avançar de modo incremental, alterando de modo gradativo o direcionamento de seu tempo e de sua energia — e, pragmaticamente, de sua expectativa de renda — para essas paixões. Quando Brad começou a aplicar essa estratégia, há 8 anos, 99% de seu foco era direcionado para a consultoria e 1% para a escrita e o coaching. Agora, está chegando gradualmente à proporção oposta.

> A melhor forma de aumentar a influência de uma paixão na vida é avançar gradualmente.

Claro, há casos em que se deve *apostar tudo* na paixão logo no início. Para as pessoas que atuam melhor em contextos de pressão intensa, talvez essa opção seja uma forma de maximizar o desempenho. Porém, para a grande maioria — segundo as pesquisas —, a melhor maneira de direcionar tempo e energia para uma paixão é aplicar a estratégia do haltere, deslocando o foco paulatinamente do cenário seguro e estável (ou seja, o emprego atual) para a prática que desperta seu entusiasmo (ou seja, a paixão). No livro *Eu Sou as Escolhas Que Faço*, Elle Luna conta a história do autor de best-sellers John Grisham, que iniciou a carreira como romancista mantendo uma rotina de "advogado/autor", acordando todos os dias às 5h da manhã "para escrever histórias sobre crimes terríveis e atrocidades antes de ir para o tribunal". Após três anos de malabarismos com a escrita e a advocacia criminal, Grisham conseguiu finalizar um romance, que só foi aceito por uma editora depois de ter sido rejeitado por muitas outras. Segundo Luna, "por isso John Grisham é um autor consagrado hoje em dia".[14] Em outras palavras, Grisham não apostou tudo logo no início. Ele percorreu uma rota *gradual*.

Mas a história de Grisham não acaba aí. Ele continuou trabalhando como advogado até que, em dado momento, *apostou tudo* na carreira de romancista. Depois de 30 best-sellers podemos dizer que sua escolha foi acertada. Esse caso ilustra um ponto importante: quem desenvolve uma paixão de forma incremental vai muito longe — ou, segundo as pesquisas, mais longe do que aqueles que apostam tudo logo no início da jornada. Para muitos, isso é suficiente. Fazer o que gostamos como hobby ou atividade paralela é bastante gratificante e bem pouco arriscado. Mas, se você estiver determinado a experimentar plenamente sua paixão — a se dedicar de forma integral a ela e transformá-la no eixo central de sua vida —, em algum momento terá que arriscar. Precisará acreditar e apostar tudo nela.

APOSTANDO TUDO

Segundo um antigo provérbio budista, a fé é a confiança extraída dos frutos da prática. "É como a confiança do agricultor em sua técnica de cultivo", escreve o mestre zen Thich Nhat Hanh. "Essa fé não é cega. Não se atém a ideias ou dogmas."[15] É necessário ter *essa* fé para largar o emprego, mudar para outro ponto do país e voltar a estudar com a intenção de mergulhar plenamente em uma paixão. Ela não depende de premonições ou instintos. Essa fé se baseia em um amplo conjunto de evidências; são provas que você mesmo produziu; provas de que se preparou e tem as habilidades necessárias; de que cultivou sua paixão de forma incremental pelo tempo necessário e é capaz de ir para o próximo nível. Embora seja impossível garantir o sucesso nessa jornada, a probabilidade de um bom resultado aumenta quando podemos fazer as seguintes afirmações — as principais evidências — de modo categórico:

- Fiz tudo que era necessário na preparação para o sucesso;
- Testei minhas habilidades várias vezes e determinei que elas são suficientes para ao menos me proporcionar estabilidade (financeira, física e emocional) no início da jornada;
- Pretendo continuar desenvolvendo minhas habilidades e tenho a disciplina necessária para isso;
- Analisei os sacrifícios que terei de fazer para seguir minha paixão e estou disposto a fazê-los;

- Tenho um plano de ação, já prevendo o apoio de mentores, familiares e amigos, e marcadores específicos para as metas, mas estou disposto a adaptá-lo se for necessário;
- Posso estar um pouco nervoso, mas o ato de apostar tudo *não* me deixa apreensivo. Na verdade, fico animado com a ideia;
- *Quero* fazer isso e estou disposto a encarar todos os desafios que surgirem.

Se você confirmou todos esses pontos e acredita que está preparado para apostar tudo em sua paixão (ou para continuar nesse caminho, se já estiver seguindo um interesse), então já tem a fé necessária para tomar a decisão. Mas, se estiver em dúvida quanto a um dos pontos acima, tudo bem. Continue desenvolvendo sua paixão de forma incremental até ficar mais confiante e *consolidar* sua fé. Ninguém pode dizer com absoluta certeza quando será o momento certo, mas quando de fato acreditamos na paixão tomar a decisão não é tão terrível. Na verdade, a escolha nem será tão radical. Será apenas o próximo passo lógico rumo a uma vida com mais paixão.

A MAIORIA DAS PESSOAS ACHA QUE, APÓS IDENTIFICAR e aumentar a presença de uma paixão na vida, só haverá tranquilidade pela frente. Mas a trajetória mais comum é: encontramos e cultivamos uma paixão; avançamos de modo incremental até consolidar a fé necessária para apostar tudo; apostamos tudo (ou quase tudo), começamos a praticar, a adorar nossas vidas cada vez mais cheias de paixão e, quem sabe, a receber reconhecimento por nossas conquistas. Até aqui tudo vai bem. Mas não percebemos a aproximação de uma linha muito tênue que, se cruzada, pode gerar uma situação bem complicada. Lembre-se do que falamos no início do livro: a paixão pode ser incrível, mas também pode ser uma maldição. Se não proceder com cuidado e inteligência, a paixão ruim — *passio*, sofrimento — surgirá de repente à sua frente. No melhor cenário, você atravessará a tempestade, mas só depois de gastar uma energia valiosa que poderia ter investido em algo melhor. No pior cenário, sua paixão se tornará um caos e sua vida também.

Muitos livros terminam com um roteiro para encontrar sua paixão, mas essa lição é apenas o começo. A parte mais difícil é aprender a conviver com ela de forma produtiva e sustentável. Antes de aprender a desenvolver o melhor tipo de paixão, integrá-la à sua existência e realizar uma transição suave quando decidir ou precisar (temas dos Capítulos 5 a 8), você deve conhecer o lado sombrio da paixão para impedir que ele se infiltre em sua vida. Infelizmente, a maioria das pessoas experimenta uma amostra desse lado negativo antes de obter resultados positivos. Mas isso não é necessário. É possível evitar o lado sombrio da paixão. Basta procurar pelos elementos certos.

> ### A Prática da Paixão
>
> - A melhor forma de aumentar a influência de uma paixão em sua vida é avançar de modo incremental;
> - Aplicar a estratégia do haltere — ou seja, manter um porto seguro em um lado e correr riscos cada vez maiores no outro — facilita o aumento da influência da paixão em sua vida:
>   - — Sabendo que o fracasso não será tão desastroso, é mais provável que você corra riscos maiores e mais promissores;
>   - — No caso de um revés inicial, sua situação será estável e você poderá aplicar outras estratégias para desenvolver sua paixão.
> - Altere gradualmente a proporção, dedicando mais tempo e energia à sua paixão e menos tempo ao "porto seguro";
> - Em algum momento você terá que decidir se deve apostar tudo em sua paixão e promover grandes mudanças para se dedicar mais a ela. Essa escolha exige fé;
> - Lembre-se: essa "fé" não depende de premonição ou instinto. Baseia-se na confiança extraída dos frutos da prática. Se você reunir provas de seu potencial (veja os pontos indicados neste capítulo), a escolha não será tão dramática.

4

Quando a Paixão Vai Pelo Caminho Errado

Certa vez, um dos executivos mais obstinados da história disse: "Admiro a paixão acima de qualquer outro atributo."[1] Como CEO de uma empresa avaliada em US$60 bilhões, ele só contratava os funcionários mais apaixonados. O executivo priorizava a excelência nos resultados e recompensava os profissionais que atuavam com dedicação total. Chegavam cedo e ficavam até mais tarde, trocando a família biológica pela corporativa. Todos, em especial os executivos do alto escalão, demonstravam uma paixão impressionante pela performance. Isso dava certo. Durante seu ciclo como CEO, a empresa foi descrita pela revista *Fortune* como "a corporação mais inovadora dos EUA"; suas ações estremeciam o mercado.[2]

Esse CEO era Jeffrey Skilling. A empresa era a Enron.

Todos conhecem as fraudes cometidas por essa gigante do setor de energia sob a liderança de Skilling. O episódio custou bilhões aos acionistas. Milhares de funcionários perderam os empregos e o patrimônio atrelado às ações da empresa, que perderam todo o valor. A paixão absoluta de Skilling pelo êxito financeiro da Enron originou o maior caso de fraude corporativa e a maior falência da história.

Poucos anos depois, uma fã de Steve Jobs que abandonara seu curso em Stanford e cujo pai trabalhara para Skilling na Enron, lançou uma empresa de biotecnologia que, segundo a jovem de 19 anos, mudaria o mundo. O empreendimento cresceu rapidamente, atraindo centenas de milhões de dólares em investimentos e parceiros entre os líderes dos setores de saúde e bem-estar. Durante a edição de 2015 do New Establishment Summit, evento promovido pela *Vanity Fair*, a jornalista Maria Shriver perguntou qual conselho ela daria a alguém que estivesse pensando em abrir uma empresa. A CEO de 31 anos falou sobre a importância da paixão e da obsessão: "Para mim, a escola fornece as ferramentas necessárias para as pessoas fazerem o que gostam", disse ela. "Eu queria aproveitar essas ferramentas para seguir minha obsessão e atingir meus objetivos, custasse o que custasse."[3]

O evento da *Vanity Fair* foi só um episódio de uma série de aparições. Com o grande sucesso, a CEO se tornou um ícone para jovens ambiciosos do mundo inteiro, despertando um interesse massivo na imprensa e estampando capas de revistas como *Forbes*, *Inc.*, *Fortune* e *Bloomberg*. As matérias sempre destacavam sua busca obsessiva pelo sucesso. No fim de 2015, o *Washington Post* comentou essa obstinação: "O sucesso dela ilustra a importância da obsessão para quem deseja fundar uma startup disruptiva."[4]

O *Post* acertou em dois pontos. 1) Elizabeth Holmes era obsessiva e 2) a Theranos, sua empresa de biotecnologia, estava promovendo uma disrupção incrível, mas não com os fins positivos sugeridos pelo *Post*. Menos de um ano depois da fala marcante de Holmes a respeito da paixão no evento da *Vanity Fair*, a revista publicou uma nova matéria sobre ela, mas com uma abordagem bem diferente. O artigo "How Elizabeth Holmes's House of Cards Came Tumbling Down" [Como o Castelo de Cartas de Elizabeth Holmes Veio Abaixo, em tradução livre] detalhava a crise da Theranos.[5] A empresa, que "mudaria o mundo" com um método barato e menos doloroso para extrair e analisar amostras de sangue, estava prestes a ser alvo de sanções do governo federal por não cumprir padrões técnicos nem fornecer evidências suficientes da eficácia do material. Na mesma época, a Theranos fechou um acordo judicial com alguns de seus principais investidores, que apontavam fraudes na gestão dos ativos financeiros da organização.[6,7] Pouco antes da publicação deste livro, após a confirmação de "fraude generalizada", a Theranos e Holmes fecharam um acordo com a SEC (Securities and Exchange Commission ou Comissão de Valores Mobiliários dos EUA, em português) e Holmes foi indiciada pelo governo federal por crimes financeiros.[8] No auge, a Theranos foi avaliada em US$9 bilhões. Poucos anos depois, a empresa desapareceu.

PAIXÃO OBSESSIVA

No começo da carreira, Skilling não pretendia desestabilizar o setor financeiro nem cometer fraudes, e, inicialmente, Holmes queria praticar uma ciência de qualidade. Eram pessoas brilhantes, ambiciosas e, ao que parece, honestas. Skilling havia estudado na Harvard Business School e, logo no primeiro emprego, foi um dos consultores mais jovens a ser contratado pela célebre McKinsey & Company. Já com várias patentes registradas em seu nome, Holmes cursava a graduação em Stanford e focava em inovações e descobertas. A imensa paixão dos dois contribuiu para suas conquistas iniciais, mas também os conduziu para a catástrofe. Esses dois casos são emblemáticos no que diz respeito aos resultados de uma paixão que vai pelo caminho errado, porém não são os únicos.

Fiascos parecidos, embora menores, ocorrem o tempo todo. Uma pessoa fica fixada demais em uma meta, atrelando sua identidade a ela e esquecendo sua motivação original para concretizar o objetivo. Passa a desejar recompensas externas e o reconhecimento que, segundo suas expectativas, a meta alcançada trará, e não mede esforços para obter esse resultado. Essa doença se manifesta de várias formas, como plágio (*tenho que publicar este livro*); substâncias ilícitas que melhoram o desempenho (*tenho que entrar na equipe olímpica*) e, como Skilling, fraudes corporativas (*tenho que atingir as metas de vendas ou tenho que ganhar esta promoção*).

Esses exemplos revelam o que Robert Vallerand, professor de psicologia da Universidade de Quebec, define como paixão obsessiva. Quase todas as paixões têm o potencial de gerar obsessões, mas a paixão obsessiva estimula as pessoas mais focadas em conquistas, resultados e recompensas externas do que na satisfação interior. O indivíduo fica mais apaixonado pelas *possíveis recompensas de uma atividade* do que pela prática dela.

A paixão obsessiva logo domina uma jornada alegre e positiva e a transforma em uma rota obscura. Isso ocorre principalmente quando uma pessoa vincula sua autoestima a fatores que não pode controlar. A situação causa altos níveis de angústia.

- Um atleta se apaixona — ou, melhor, fica obcecado — pela ideia de concluir o circuito de triatlo do Ironman em determinado tempo. Durante 6 meses, treina 20 horas por semana, negligenciando família e amigos. No dia da corrida, ele se depara com um clima imprevisível. Como se não bastasse, também dá o azar de furar um pneu durante o trajeto de ciclismo. Ao final, seu tempo é bem pior do que ele esperava;

- Uma advogada só pensa em se tornar sócia do escritório em que trabalha. Ela se dedica incansavelmente a esse objetivo e associa sua identidade à expectativa de obter uma sala imensa, só dela. Mas o chefe que prometia a sociedade sofre um problema de saúde e se aposenta. Ela não recebe a promoção;

- Um jovem escritor sonha com a publicação de um livro. Imagina seu nome na lista de mais vendidos do *New York Times* e escreve, segundo ele, uma obra-prima. Seu manuscrito é recusado por todas as grandes editoras.

Essas pessoas fracassaram? Pelo resultado, infelizmente, a resposta é sim. Quando nos apaixonamos — ou melhor, quando somos escravizados — por um resultado externo que não podemos controlar, nossa autoestima fica volátil e frágil.

Essa ideia não é nova. Há 2 mil anos, o filósofo estoico Epiteto já alertava contra a dependência de fatores externos:

> Acima de todos os outros, nossos maiores senhores são as circunstâncias, essas multidões. Aquele que controla alguma delas também nos controla. Quando as amamos, odiamos ou tememos, aqueles (ou as circunstâncias) que as controlam se tornam nossos senhores. Não deseje nada que esteja fora dos limites de sua autoridade. Não aproxime suas mãos, muito menos seu desejo. Se o fizer, estará entregue à escravidão e ao jugo, como sempre estará quando quiser algo que não esteja sob seu comando ou que dependa de fatores variáveis, instáveis, imprevisíveis e incertos.[9]

Quando nossa identidade está associada a resultados externos, o desespero é inevitável. Quase todos os êxitos são obtidos após algum nível de fracasso. Se você não aceitar essas frustrações com honestidade, cabeça aberta e humildade, começará a pensar em fraude e depois virão a angústia e a depressão. Isso ocorre porque a experiência do fracasso, ou da falta de progresso, é encarada como uma falha pessoal. A cada passo para trás ou na direção errada, nosso ego, nosso "eu", recebe um golpe. Quando alguém fala mal de nossa empresa ou trabalho, não está atacando um objeto ou produto; o ataque é direcionado a *nós*. Não surpreende que

Quando nos apaixonamos — ou melhor, quando somos escravizados — por um resultado externo que não podemos controlar, nossa autoestima fica volátil e frágil.

Skilling tenha feito de tudo para manter a ilusão, nem que Holmes tenha se afundado em problemas. Talvez não estivessem protegendo suas empresas, mas seus egos.

Anos antes das quedas de Skilling e Holmes, o psicólogo e pensador humanista Erich Fromm escreveu: "A liberdade humana é limitada pela extensão da ligação que temos com nossos egos. Esse vínculo é um obstáculo. Se sou o que tenho e perco o que tenho, quem sou eu?"[10] Associar grande parte de sua identidade a um resultado externo é um jogo perigoso.

Mesmo quando as pessoas obtêm um sucesso legítimo (como Skilling e Holmes no início), se essas conquistas foram obra de uma paixão obsessiva — instigada pelo desejo de atingir resultados e receber recompensas externas —, o futuro pode ser problemático. Em geral, os indivíduos mais focados nesse barômetro externo do sucesso são os que mais têm dificuldades para aproveitar os êxitos. Sempre querem mais. Mais dinheiro. Mais fama. Mais medalhas. Mais seguidores. Como vimos, quando nos apaixonamos por algo, nossa biologia obstrui o sentimento de satisfação e nossa psicologia só aumenta o foco na busca. Nessa situação, é fácil ser tragado por um ciclo vicioso. Vicioso porque em algum momento obtemos um resultado negativo. E, quando isso ocorre, nem precisamos dizer como nos sentimos.

> *Em geral, os indivíduos mais focados nesse barômetro externo do sucesso são os que mais têm dificuldades para aproveitar os êxitos.*

Hoje, a ciência comportamental adota uma expressão que descreve esse ciclo interminável de busca por satisfação e autoafirmação voltada para um fator que está fora de nosso controle:

adaptação hedônica. De acordo com essa ideia, costumamos nos adaptar rapidamente a um estado de felicidade ou satisfação, mas logo queremos mais. Porém, séculos antes do conceito acadêmico de adaptação hedônica, Buda já havia definido essa busca incessante por conquistas externas: para ele, era o sofrimento.

"De fato, o sucesso nos deixa aflitos para preservá-lo", escreveu o poeta David Whyte.[11] Ele tem razão. Pesquisadores descobriram que, em todos os campos, os indivíduos que demonstram uma paixão obsessiva são mais propensos a condutas antiéticas, ansiedade, depressão e *burnout*. A identificação deles com a paixão tende a regredir, e a satisfação com a vida costuma ser baixa. Alguns deles, como Skilling e Holmes, farão de tudo para preservar o ciclo. E isso não ocorre apenas no meio empresarial.

> Segundo a adaptação hedônica, rapidamente nos habituamos a um estado de felicidade ou satisfação, mas logo queremos mais. Buda chamava isso de sofrimento.

NO DIA 7 DE AGOSTO DE 2007, O CRAQUE BARRY BONDS, campista esquerdo do San Francisco Giants, encarou Mike Bacsik, arremessador do Washington Nationals. Ele esperou a bola certa para fazer história. Quando ela veio, Bonds gingou com força e aplicou um golpe perfeito; a bola voou para a arquibancada, na lateral direita do campo. Logo que ela descolou do taco, ele entendeu tudo. Jogou as mãos para o alto em comemoração e deu um largo sorriso. Aquele era seu 756º *home run*, uma marca que o fez superar o recorde mundial do venerado Hank Aaron. Claro, ele foi bastante celebrado, mas pouco depois surgiram alguns questionamentos.

Quatro anos antes, Bonds havia protagonizado um dos maiores escândalos de doping esportivo da história. Durante uma busca no laboratório BALCO, perto de San Francisco, agentes do FBI descobriram um sofisticado sistema de doping que atendia a diversas modalidades esportivas. De cara, o material encontrado arruinou as reputações do então homem mais rápido do mundo (Tim Montgomery, recordista mundial dos 100 metros rasos) e do novo rei dos *home runs* (Bonds). De volta a 2007: Bonds quebrara o recorde de Aaron, mas existiam provas irrefutáveis de que ele havia trapaceado.*

Depois disso, o baseball precisava de um salvador. Esse messias teria que recuperar a credibilidade do esporte e o recorde que Bonds havia roubado de Aaron. O homem perfeito para esse trabalho era um interbases que entrara na liga com apenas 18 anos e que, aos 20, já havia se firmado como astro. Aos 31, contabilizava 518 *home runs* e prometia quebrar o controverso recorde de Bond. Todo mundo o amava. Otimistas, emissoras, comentaristas, fãs e até outros jogadores diziam: "Bonds não vai segurar esse recorde por muito tempo; logo, logo o A-Rod o baterá." Claro, A-Rod era o apelido de Alex Rodriguez, que, em 2009, quando estava perto do recorde, confessou que também usava esteroides, pressionado pelo surgimento de evidências incontestáveis.

O problema do doping no universo da Major League Baseball não surpreende. Pesquisadores da Universidade de Waterloo descobriram que os atletas movidos por paixões obsessivas têm maior propensão ao uso de substâncias ilícitas que aumentam o

---

* A Major League Baseball foi responsável por deixar que um trapaceiro condenado quebrasse o principal recorde do esporte, pois nunca teve a coragem necessária para suspender Bonds.

desempenho, como os esteroides.[12] Em outro estudo, ao serem questionados se usariam uma substância que garantisse uma medalha de ouro, mas levasse à morte em cinco anos, metade dos atletas olímpicos entrevistados respondeu que sim.[13]

Por que atletas no auge, que ganham milhões de dólares, arriscam saúde, fama e fortuna por pequenas melhorias? Esse risco massivo parece absurdo em comparação com os benefícios. No entanto, ano após ano, eles — e inúmeros outros profissionais, como Holmes e Skilling — adotam essas posturas irracionais. São indivíduos tão obcecados, focados e vinculados a resultados externos que não ligam para mais nada. Não perdem a paixão, só esquecem de seu interesse original por baseball, energia, liderança corporativa ou descoberta científica. A paixão se volta apenas para resultados, dinheiro, fama e vitória. Já aposentado, Alex Rodriguez listou seus três principais conselhos para quem pretende construir uma carreira. Adivinha qual foi o número um? "Encontre sua paixão."[14]

Até aqui, vimos como o tipo mais sombrio de paixão entra em cena quando seu foco não está em uma atividade, mas na validação externa e no sucesso que ela pode trazer. Quando estamos fixados nos resultados, é difícil separar nossa identidade dos possíveis frutos de uma paixão. No entanto, esse não é o único caso em que a paixão se converte em sofrimento; isso também acontece quando ela é dominada pelo medo. Especificamente, pelo medo do fracasso.

> ### A Prática da Paixão
>
> - Tenha cuidado com a paixão obsessiva. Ela ocorre quando seu interesse em *praticar* uma atividade dá lugar a uma fixação nos resultados e na validação externa associadas à atividade em questão;
> - Quando você está apaixonado obsessivamente, sua identidade fica atrelada aos resultados externos de seu trabalho;
> - Nenhum nível de sucesso é suficiente. Você sempre desejará mais validação externa: mais dinheiro, mais fama, mais seguidores. Os cientistas do comportamento chamam esse ciclo de desejo incessante de adaptação hedônica. Muito antes, Buda definiu essa busca como sofrimento;
> - Quando passam por algum revés ou por um período de estagnação, as pessoas movidas por uma paixão obsessiva tendem a se mortificar. Esse tipo de paixão está associado a ansiedade, depressão, *burnout* e condutas antiéticas.

SOB O DOMÍNIO DO MEDO

Para entender o poder do medo, temos que voltar aos primórdios da humanidade. Na savana africana, em algum ponto da transição entre o *Homo erectus* e o *Homo sapiens*, o medo (sobretudo o medo do fracasso) era uma vantagem competitiva de importância crítica. Uma caçada não era apenas o momento de obter carne para comer, mas uma ocasião cheia de riscos fatais frente a predadores e feras em geral. Naquela época, fracasso era sinônimo de morte. De lá para cá, com a evolução, passamos a evitar falhas com a mesma intensidade de nosso desejo pela busca.

Aqueles que já se depararam com um urso em uma trilha ou um desconhecido em uma rua vazia à noite conhecem o poder do medo. A frequência cardíaca acelera. Um fluxo de adrenalina percorre o corpo. A percepção fica mais aguçada. O foco se estreita e a mente traça uma série de etapas para evitar o desastre. Esse medo profundo aciona a paixão mais primitiva e intensa: a paixão pela sobrevivência. Inegavelmente, o medo pode instigar ações incríveis. Isso explica por que nossa espécie existe até hoje, por que os times de basquete preparados pelo esquentado treinador Bobby Knight ganharam tantos campeonatos e por que os chefes mais autoritários obtêm resultados excelentes de seus funcionários (por algum tempo). Mas a paixão vinculada ao medo tem um custo bastante alto. E raramente essa situação é sustentável.

O NOME DOMINIQUE MOCEANU DEVE SOAR FAMILIAR porque foi destaque nos principais noticiários durante os Jogos Olímpicos de Verão de 1996, realizados em Atlanta, na Geórgia. A jovem de 14 anos fazia parte das "Sete Magníficas", a primeira equipe feminina de ginástica olímpica a conquistar uma medalha de ouro para os EUA. Moceanu estava em capas de revistas, programas matutinos e manchetes de jornais do país inteiro. Era a queridinha dos EUA, uma adolescente cheia de energia, dona de um sorriso encantador.

A paixão vinculada ao medo tem um custo muito alto, mas raramente é sustentável.

As ginastas chegam ao auge bem novas, mas *não* aos 14 anos. Moceanu encarava os Jogos Olímpicos de 1996 como o início de uma carreira excepcional; o melhor ainda estava por vir, pois o futuro da ginástica norte-americana dependia dela. Quatro anos depois, em vez de consolidar seu legado e dar tudo de si nas Olimpíadas de Sydney, Moceanu estava assistindo à competição no sofá de casa, deprimida, apática e esgotada.

Moceanu era sem dúvida alguma apaixonada pela ginástica. Ela treinava no mínimo 25 horas por semana desde os 7 anos de idade. As barras, a trave, a mesa e o piso eram a vida dela. Mas sua motivação não vinha totalmente de dentro. Na verdade, Moceanu tinha medo do que seus pais e seu treinador (todos bem tirânicos) fariam caso ela não fosse a melhor. Em *Off Balance*, seu tocante livro de memórias, ela escreve:

> O período que antecedeu as Olimpíadas de 1996 foi a época mais intensa e estressante da minha carreira. Durante os treinos de verão com Béla e Márta Károl, vi o esporte que eu tanto amava se transformar gradualmente em um pesadelo. Eu me dedicava ao máximo, mas nunca estava bom o suficiente para eles. Béla e Márta me tratavam com desdém e falta de respeito, e eu me esforçava mais só para obter a aprovação deles. Eu tinha medo de Béla como tinha do meu pai, Tata, e tentava agradar os dois.[15]

Mesmo depois de ganhar o ouro em 1996, enquanto as outras Seis Magníficas comemoravam, Moceanu estava triste. "Naquele momento, percebi que, embora quisesse me sentir feliz, minha felicidade dependia da opinião dos treinadores e dos meus pais sobre minha performance, e de saber se *eles* estavam satisfeitos", escreveu ela. "Era difícil me sentir feliz sabendo que eu não havia sido perfeita para eles."[16]

Moceanu não estava competindo por amor à ginástica; essa não era a fonte predominante de sua paixão. Na verdade, queria obter resultados para se proteger das críticas dos treinadores e de seus pais. Mas e seu sorriso e todo aquele entusiasmo? Provavelmente era uma encenação, voltada para a vitória e produzida pelo medo. A pressão logo ficou tóxica demais para Moceanu, que sofreu lesões e síndrome do *overtraining*. A situação chegou ao limite em 1999, quando, aos 17 anos, ela solicitou judicialmente sua emancipação. O tribunal concordou. O peso da paixão de Moceanu — ou, mais precisamente, o peso de seu medo — encerrou de modo abrupto uma carreira promissora e sua infância.

Esse caso ilustra como a paixão e um desempenho excepcional podem ser instigados pelo medo. Recentemente, uma análise de vários estudos constatou que, só de *pensar* no fracasso, os indivíduos que o temem melhoram seu desempenho.[17] Em um estudo, os participantes foram avaliados quanto ao nível de medo do fracasso. Em seguida, foram orientados a apertar um dispositivo com a maior força possível. Depois, metade deles teve que pensar e escrever sobre seus fracassos recentes; a outra metade teve que pensar e escrever sobre seus sucessos recentes. Então todos apertaram o dispositivo novamente. Entre os participantes que não temiam o fracasso, não houve alteração no desempenho quando pensavam em sucesso ou fracasso. Mas entre os que temiam, pensar e escrever acerca do fracasso aumentava expressivamente a força aplicada no dispositivo. Outros estudos verificaram esse padrão, mesmo quando o teste envolvia uma atividade mais cerebral, como resolver palavras cruzadas. "Quando se sentem ameaçadas, essas pessoas tendem a compensar seus erros", diz Jocelyn Bélanger, psicóloga da New York University e coordenadora do artigo. Mas a história de Moceanu também destaca outros aspectos da paixão vinculada ao medo: sua nocividade e insustentabilidade. "Em um novo emprego, o medo do fracasso pode ajudá-lo a causar uma boa impressão", explica Bélanger. "Mas também pode levar ao

> *Se aplicado como motivador de longo prazo, o medo do fracasso logo se torna tóxico.*

burnout, a níveis crescentes de estresse e a diminuição da longevidade."[18] Se aplicado como motivador de longo prazo, o medo do fracasso logo se torna tóxico.

Em outro estudo, David Conroy, professor da Faculdade de Saúde e Desempenho Humano da Penn State, analisou atletas motivados pelo medo, como Moceanu.[19] Ele descobriu cinco variedades de motivação:

1. Medo de passar vergonha e constrangimento;
2. Medo de perder uma autoimagem positiva;
3. Medo de um futuro incerto;
4. Medo de perder a atenção de pessoas importantes;
5. Medo de decepcionar pessoas importantes.

Conroy também descobriu que, embora esses medos sejam fortes motivadores no curto prazo, nenhum deles é sustentável.

Quando somos dominados pelo medo, tudo parece uma ameaça. O corpo e a mente induzem um estado de sobrevivência a qualquer custo. Mas essa postura, eficaz no momento, quase sempre se transforma em ansiedade no longo prazo. O indivíduo concretiza o objetivo — uma medalha olímpica, notas excelentes ou elogios e promoção no trabalho — mas, nesse ponto, está exausto, totalmente esgotado. A mente e o corpo só ficam em alerta por algum tempo. Nem o aventureiro mais audacioso consegue pensar que todos os barulhos nas folhas são de um urso prestes a atacar.

"Quando o medo morre, você começa a viver."

Perder o medo não é o mesmo que ficar despreocupado. Na verdade, ficamos propensos a ir mais longe, arriscar e expressar nossa identidade. O raciocínio de "jogar para não perder" dá lugar ao de "jogar para ganhar". Na psicologia, essa é a diferença entre as mentalidades de prevenção e promoção. Com a mentalidade de prevenção, fazemos de tudo para evitar perdas — protegemos o que já temos e agimos com cautela. Às vezes essa mentalidade é eficaz, mas em geral impede a realização integral de nosso potencial. Por outro lado, com a mentalidade de promoção, paramos de seguir pelo caminho mais seguro, pela rota apontada por alguém ou pela via que escolhemos *pensando* em agradar outra pessoa. Sem o medo de falhar, corremos riscos construtivos. Ficamos mais receptivos a avanços.

Para perder o medo, é necessário "confiar em seus conhecimentos, habilidades e recursos, acreditar em sua capacidade de obter sucesso e cultivar um desejo incessante por melhoria e crescimento", diz Ashley Merryman, especialista em desenvolvimento de talentos. Porém, Merryman admite que é difícil dar o passo definitivo, sobretudo quando estamos próximos do objetivo; ela chama esse dilema de "efeito do objetivo próximo", que ocorre "quando você já foi muito longe e não quer pôr tudo a perder".

Quando estiver caindo nessa armadilha, sentindo uma pontada de hesitação e medo, determine a natureza de seu temor. Se estiver com medo de perder tudo que já conquistou, lembre-se de que a melhor forma de evitar isso é jogar para vencer.

O psicólogo Stan Beecham, que trabalha com atletas e executivos de elite, também acredita que o relacionamento com o medo é crucial para as conquistas: "Tudo gira em torno do medo.

Se matar o medo, você vencerá. Se matar o medo, terá o melhor ano de sua vida. Se matar o medo, treinará como um louco. Se matar o medo, cursará uma faculdade de graça. Se matar o medo, chegará ao pódio, ganhará dinheiro, será abordado por desconhecidos que dirão seu nome. Quando o medo morre, você começa a viver."[20]

> ### A Prática da Paixão
>
> - O medo é um poderoso motivador no curto prazo, mas é insustentável no longo prazo;
> - As paixões vinculadas ao medo logo se tornam tóxicas. Quando perdemos o medo, o "jogar para não perder" dá lugar ao "jogar para ganhar". Quando jogamos para vencer, corremos riscos construtivos que levam a avanços;
> - Todos têm seus medos. Superá-los é a chave para cultivar uma paixão, um desempenho e uma felicidade sustentáveis.

ESTE CAPÍTULO ABORDOU AS DUAS PRINCIPAIS FORMAS da paixão mais sombrias, ambas nocivas ao desempenho, à saúde e à felicidade no longo prazo:

1. A paixão fixada nas recompensas, em que o indivíduo fica obcecado por resultados, reconhecimento e validação externa;
2. A paixão instigada pelo medo, em que o indivíduo faz de tudo para evitar o fracasso e não decepcionar os outros nem a si mesmo.

Nos dois casos, a paixão não é incitada pelo prazer da busca e se transforma facilmente em *passio*, sofrimento.

Como veremos a seguir, a diferença entre uma paixão positiva, produtiva, saudável e sustentável e sua variedade mais sombria está na motivação para a prática da atividade. Não está no que você diz, mas no que sente e acredita. Essa não é uma orientação para ignorar por completo os resultados externos e/ou o medo de falhar. A menos que tenha uma genética perfeita e passe por anos de treinamento mental e espiritual, isso não será possível. A vitória balança qualquer atleta. Todo escritor se sente bem quando vende livros. Até o usuário do Facebook ou do Twitter sente no mínimo um leve contentamento quando ganha um novo amigo, seguidor ou "curtida". Embora muitos não liguem para decepcionar os outros, no fundo, todos temos medo, mesmo que só um pouco, de decepcionar a nós mesmos. O segredo é identificar e controlar essas emoções logo no início para impedir que elas dominem sua paixão.

Quando escrever, você deve pensar em escrever, não em vender livros. Quando trabalhar, deve pensar em contribuir de modo positivo, não em promoções e bônus. Quando treinar e competir, deve pensar em melhorar e dominar seu corpo, não em prêmios e rankings. Quando se apaixonar, deve pensar em cultivar um relacionamento especial com a pessoa em questão, não no medo de perdê-la ou na exposição dessa ligação para seus "amigos" nas redes sociais. Em outras palavras, a paixão não deve vir de fora. Deve vir de dentro.

A paixão não deve vir de fora. Deve vir de dentro.

Essa é uma paixão harmoniosa, bem mais desejável; é o tipo que você deve manter em sua vida. A paixão harmoniosa é a melhor variedade desse sentimento. Está associada a um desempenho excepcional no longo prazo, a vitalidade, saúde e satisfação. Essa paixão surge quando você vive o momento e empreende uma busca instigado por amor, não por desejos externos ou medo. Infelizmente, desenvolver e conservar uma paixão harmoniosa não é um processo automático. Porém, com uma mentalidade específica e força de vontade, ela está ao alcance de todos.

5

O Melhor Tipo de Paixão

Na música, a harmonia ocorre quando uma combinação de tons é reproduzida em simultâneo e em perfeita afinação. É quase impossível descrever esse som, mas ele é imediatamente reconhecível. Reconhecemos não só pelo que ouvimos, mas pelo que sentimos no momento. Tudo se encaixa. Há uma coerência total.

Imagine se fosse possível experimentar a sensação da harmonia musical ao pensar, ou, melhor ainda, ao seguir uma paixão. Saber, sem precisar dizer uma palavra, que temos um relacionamento perfeito com a paixão. Que estamos fazendo exatamente o que deveríamos fazer pelas razões certas. Imagine como é sentir tudo isso no fundo da alma.

Esta é a paixão harmoniosa: um sentimento que surge quando você se dedica a uma atividade, antes de mais nada, pelo prazer de praticá-la e quando essa jornada não é apenas um meio para um fim, mas um fim em si.* No geral, a paixão harmoniosa se manifesta em atividades escolhidas livremente, sem pressão; quando você faz algo porque gosta, não para obter recompensas ou evitar repercussões negativas. Nem todo momento da paixão harmoniosa é agradável, mas em geral ela é profundamente gratificante. Esse sentimento evoca a antiga ideia grega de *eudaimonia*, a felicidade que não resulta de um prazer intenso, mas do esforço de concretizar todo nosso potencial em atividades que consideramos significativas. Na década de 1970, o psicólogo e filósofo humanista Erich Fromm escreveu sobre um fenômeno semelhante, que chamou de atividade produtiva. Essa ideia sugere uma felicidade que não está associada a propriedades e recompensas, mas ao "processo de expansão da vitalidade, pois viver da forma mais plena possível é tão satisfatório que as preocupações com eventuais conquistas ou perdas quase não se instalam".[1] Porém, de modo paradoxal, embora as conquistas externas nunca sejam os principais objetivos da paixão harmoniosa, quando estamos completamente imersos na atividade pelo prazer de praticá-la, esses resultados chegam como subprodutos. As pessoas mais focadas no sucesso têm menos chances de obtê-lo. Já os indivíduos menos fixados nessa ideia e mais concentrados no desenvolvimento de sua atividade têm maior probabilidade de alcançar o sucesso.

> Os mais focados no sucesso têm menos chances de obtê-lo. Já os menos fixados nessa ideia e mais concentrados em sua atividade têm maior probabilidade de alcançar o sucesso.

---

* O termo *paixão harmoniosa* foi criado por Robert Vallerand, psicólogo que propôs também o conceito de paixão obsessiva. A paixão obsessiva e a paixão harmoniosa integram o que Vallerand definiu como o modelo dualista da paixão.

Como uma linda canção, a paixão harmoniosa não surge por um passe de mágica. Na verdade, exige trabalho e prática. É muito importante destacar esse ponto em uma cultura que incentiva abertamente o lado mais sombrio da paixão. Vivemos em uma era obcecada por resultados e gratificações instantâneas, que fomenta os torneios de popularidade nas redes sociais e a expectativa de conquistas externas. Logo, para criar e manter uma paixão harmoniosa — a melhor —, é necessário ir contra a corrente e adotar uma mentalidade radicalmente distinta.

> ### A Prática da Paixão
>
> - A paixão harmoniosa surge quando realizamos uma atividade pelo prazer de praticá-la;
> - A paixão harmoniosa está associada à saúde, felicidade, desempenho e satisfação;
> - A paixão harmoniosa não é o efeito de um processo automático. Ela deve ser cultivada atentamente.

A MENTALIDADE DE DOMÍNIO

O domínio de uma atividade é uma mentalidade e um caminho. Define uma rota contínua de melhoria e desenvolvimento. Seu foco está na dedicação aguda (no momento) e crônica (ao longo da vida), não nos episódios transitórios que ocorrem ao longo do percurso (sucessos e fracassos pontuais). O domínio não é um conceito de autoajuda ou nova era. Essa ideia vem de princípios básicos da psicologia e da biologia e está sempre presente na vida das pessoas que cultivam uma paixão harmoniosa.

Os indivíduos que seguem o caminho do domínio obtêm grandes conquistas de modo saudável e sustentável. Têm uma aura zen, são resilientes e produzem um trabalho marcado por uma qualidade especial — uma qualidade que nasce do amor. No entanto, talvez a conquista mais valiosa deles seja outra: um processo constante de crescimento e desenvolvimento, uma vida gratificante. Os grandes profissionais, que cultivam o melhor tipo de paixão, adotam a mentalidade de domínio. Felizmente, essa mentalidade e seus benefícios estão ao alcance de todos que estiverem dispostos a investir o esforço necessário para adotá-la. As subseções a seguir descrevem os seis componentes da mentalidade de domínio e sugerem formas de desenvolver cada um deles.

1. Mentalidade de Domínio: Motivação Interna

Os indivíduos que seguem o caminho do domínio são impulsionados por uma motivação interna. Em essência, não ligam para referenciais externos de sucesso e medo nem para as expectativas estabelecidas por outras pessoas, grupos ou normas sociais. Na verdade, a motivação deles vem de um desejo interno de melhorar e desenvolver uma atividade pelo prazer que isso proporciona. Claro, nem todos os dias dessa jornada serão alegres e interessantes. Mas sempre demonstrarão um grande entusiasmo pela *totalidade* da busca.

Imagine uma nadadora olímpica que escolheu o caminho do domínio. É improvável que ela encare todos os treinos com o mesmo entusiasmo. Embora esteja empolgada com as Olimpíadas, a competição não é sua principal motivação. Na verdade, o foco está em seu desenvolvimento como nadadora — em expandir seus recursos físicos e psicológicos e aperfeiçoar suas braçadas e sua relação com a água. Depois das competições, quando já recebeu suas medalhas de ouro e os outros atletas estão comemorando fora do ginásio, ela fica sozinha na piscina, trabalhando em sua braçada, fazendo ajustes sutis — tentando melhorar, mesmo após ter sido premiada como a melhor. Talvez isso soe familiar. Provavelmente você sabe quem ela é. Seu nome é Katie Ledecky. Ela está no caminho do domínio e, depois de ganhar cinco ouros na Rio 2016, entrou no grupo das atletas mais premiadas de todos os tempos. Ledecky recusou um patrocínio anual de US$5 milhões e a fama que isso traria preferindo nadar pela Stanford University. Quando lhe perguntaram se havia sido uma decisão difícil, respondeu: "Não. Não foi."[2] Ela sabia o que queria: a experiência de nadar na liga universitária. Isso beneficiaria seu desenvolvimento no longo prazo.

> Os indivíduos que seguem o caminho do domínio são impulsionados por uma motivação interna.

Em que medida você se parece com Katie Ledecky? Deixemos de lado a sua performance na piscina ou em outras atividades. Pense em sua mentalidade. De onde vem sua principal motivação? A palavra-chave aqui é *principal*. A menos que seja um robô, é impossível evitar que parte de sua motivação esteja associada a resultados externos e a prevenção de falhas. Katie Ledecky *queria* ganhar todas as medalhas que conquistou nos Jogos Olímpicos do Rio e, sem dúvida, parte dela não queria decepcionar seus treinadores e fãs nem a ela mesma. Porém, mais do que ganhar os ouros e corresponder a essas expectativas, Ledecky queria se desenvolver como nadadora. Por qual outro motivo treinaria *depois* de ser premiada nos eventos e recusaria milhões de dólares para poder nadar por Stanford? Sua principal motivação vem de dentro. Em vez de se comparar com outras pessoas, Ledecky avalia seu desempenho com base na performance de suas versões anteriores e na energia que está investindo no momento. Essa é a competição mais saudável que existe.

> Em vez de se comparar a outras pessoas, avalie seu desempenho com base na performance de suas versões anteriores e na energia que está investindo no momento. Essa é a competição mais saudável que existe.

É bom repetir: a mentalidade de domínio reconhece a influência dos fatores externos — medalhas olímpicas, livros vendidos, encomendas de obras de arte e captação de capital de risco — na motivação. No entanto, essa mentalidade coloca tudo isso em segundo plano, o que não ocorre por acidente. É necessário implementar escolhas e ações deliberadas para impedir que esses motivadores externos influenciem demais sua psique e transformem sutilmente a paixão em *passio*. Talvez a ação mais simples e eficaz seja trabalhar todo dia.

Trabalhar é uma ótima forma de colocar o sucesso e o fracasso em seus respectivos lugares. Após uma conquista fantástica ou uma derrota terrível, voltar ao trabalho reforça a ideia de que os resultados externos não são sua principal motivação. Você pratica a atividade por amor. Seu foco está no domínio — no processo contínuo de dedicação e aperfeiçoamento. Você não é movido por *objetivos específicos*, mas pela *realização da prática no presente*.

- Seu livro entrou na lista de bestsellers do *New York Times*? Então vá escrever. Essa prática combate o narcisismo e confirma que você gosta mais de escrever do que falar sobre a escrita. Seu livro fracassou e não vendeu nem 100 cópias? Vá escrever. Essa postura tem um efeito renovador e redireciona seu foco para a atividade;

- Sua startup atraiu um investimento inicial de US$1 milhão? Comece a executar o plano e procurar clientes. Sua startup não conseguiu atrair nenhum investimento inicial? Aperfeiçoe o plano e procure novos investidores;

- Você ganhou vários ouros nas Olimpíadas? Vá nadar. Seu desempenho não correspondeu às expectativas externas nas Olimpíadas? Vá nadar.

Claro, é natural sentir uma forte alegria após uma grande vitória e uma grande tristeza depois de uma derrota difícil. Então, aproveite o sucesso e sofra com a derrota, mas, nas próximas 24 horas, volte ao trabalho. Para entender essa dinâmica, confira estes dois exemplos, bem mais pessoais:

1. Quando recebe feedback positivo acerca de algum texto e sente o primeiro indício de vaidade, Brad começa a trabalhar no próximo projeto. Essa postura tem um efeito imediato sobre o ego. Ele aplica a mesma estratégia quando um texto se sai mal. Em vez de se mortificar, logo inicia o próximo projeto. Essa prática reforça que, para ele, a escrita é muito mais importante do que o reconhecimento. Trata-se de um método eficiente para impedir que as emoções associadas ao reconhecimento externo e ao fracasso influenciem demais a sua motivação;

> *Trabalhar é uma ótima forma de colocar o sucesso e o fracasso em seus respectivos lugares. Após uma conquista fantástica ou uma derrota terrível, voltar ao trabalho reforça a ideia de que os resultados externos não são sua principal motivação.*

2. Ao treinar atletas de todas as idades, Steve sempre aplica a regra das 24 horas: após uma competição, o atleta tem 24 horas para comemorar ou refletir sobre seu desempenho. Mas, dois dias depois, tem que voltar ao trabalho e ao processo de aperfeiçoamento. Após uma performance ruim, voltar ao trabalho silencia a voz negativa que ecoa na cabeça do atleta. Depois de uma conquista memorável, voltar ao trabalho evita que a complacência se instale.

Grandes vitórias e perdas terríveis têm algo em comum: é difícil voltar ao trabalho logo em seguida. Então invista sua energia na superação dessa resistência.

Além de voltar ao trabalho, há outro método muito eficaz para conservar a motivação interna: a internalização da mentalidade de domínio como um valor central. Os valores centrais são princípios que orientam nossos comportamentos. São referenciais sólidos e influenciam a forma como pensamos, sentimos e agimos.

Aproveite o sucesso e sofra com a derrota, mas, nas próximas 24 horas, volte ao trabalho.

Os valores centrais não são ideias que expressamos apenas da boca para fora; é necessário investir muita energia para viver de acordo com eles. Recentemente, pesquisadores da Universidade da Pennsylvania e da Universidade de Michigan publicaram um estudo no periódico *Proceedings of the National Academy of Sciences* com uma análise neurológica de pessoas que mantinham uma relação profunda com seus valores fundamentais. Identificaram uma atividade neural intensa em uma região do cérebro associada à "avaliação positiva". Ou seja, quando você pensa na relação que mantém com seus valores centrais, seu cérebro passa por uma mudança produtiva. Mais importante, talvez esses efeitos não se limitem ao cérebro. No estudo, os participantes que tinham uma relação profunda com seus valores centrais conseguiram superar desafios na vida real.[3]

As implicações dessa pesquisa são bastante claras. Após uma grande conquista ou um fracasso lamentável, questione se sua reação — o que você está sentindo e o que está expressando — condiz com o valor central do domínio da atividade. Essa postura evita que as emoções intensas do sucesso e do fracasso controlem os centros motivacionais do cérebro e redireciona seu foco para a mentalidade de domínio. Por mais breve que seja, essa reflexão interrompe o ciclo da inércia emocional e da subsequente paixão obsessiva.

A motivação interna não surge por um processo automático. Quando não voltamos logo ao trabalho nem internalizamos o domínio como um valor central, os motivadores externos entram em cena e acabam controlando a psique. Não deixe isso acontecer. No clássico *Cartas a um Jovem Poeta*, Rainer Maria Rilke orienta seu jovem pupilo a não confiar nos motivadores externos: "Você pergunta se seus versos são bons. Pergunta para mim. Pergunta para outras pessoas. Manda versos para revistas. Compara seus poemas com outros e fica angustiado com as rejeições dos editores... Peço que pare com isso. Você está olhando para fora, algo que não deve fazer de modo algum... Só existe uma opção. Vá para dentro de si mesmo."[4] A lição de Rilke é clara: cultive proativamente sua motivação interna.

TAMBÉM É IMPORTANTE DESTACAR QUE OS PADRÕES motivacionais são complexos e começam cedo. As pessoas que trabalham com crianças devem incentivá-las a seguir seus interesses e talentos naturais. *Não* pressione demais nem atribua muita importância às recompensas externas (em caso de vitória) e à punição (em caso de falha). As ações que não promovem a mentalidade de domínio inibem essa postura. Muitos pais, professores e treinadores ensinam as crianças a determinarem seu valor com base em sinais e resultados externos. Isso é contraproducente. Segundo Timothy Gallwey, autor do clássico *O Jogo Interior do Tênis*: "No geral, as crianças que aprendem a se autoavaliar dessa forma se tornam adultos com uma forte compulsão por sucesso, que se sobrepõe aos demais aspectos. A tragédia aqui não é a incapacidade dessas pessoas para encontrar o sucesso que buscam, mas o fato de que não terão o amor e a autoestima que, como foram condicionadas a acreditar, acompanham o sucesso."[5]

A Prática da Paixão

- Preserve sua motivação interna, sua principal fonte de energia:
  — Adote a regra das 24 horas. Em caso de derrota ou sucesso, tire 24 horas para a tristeza ou a felicidade e depois volte ao trabalho. Essa prática coloca os motivadores externos em seus devidos lugares e destaca a maior importância dos fatores internos;
  — Adote a motivação interna como um valor central: quando sentir uma carga emocional excessiva associada a falhas, conquistas ou validação externa, pense nos aspectos do trabalho que você mais gosta. Lembre-se: a motivação interna é sempre mais saudável e sustentável do que os motivadores externos.
- Os pais, treinadores, gerentes e professores devem incentivar seus pupilos a desenvolverem a motivação interna.

2. Mentalidade de Domínio: Foco no Processo

Nas últimas seletivas para a equipe olímpica de atletismo dos EUA, realizadas em Eugene, no Oregon, tudo indicava que Brenda Martinez faria sua melhor marca nos 800 metros e se qualificaria para suas primeiras Olimpíadas, aos 28 anos de idade. Mas, a menos de 100 metros do final, outra corredora tropeçou e caiu em Martinez, que se desequilibrou. Martinez conseguiu se recuperar, mas foi ultrapassada por outras atletas, que conquistaram as três vagas olímpicas. Foi terrível.

Martinez poderia ter ficado aflita e deprimida quando perdeu a chance de participar das Olimpíadas em sua melhor modalidade devido a um momento de azar. Mas ela era dura na queda. Em vez de se entregar à tristeza, logo após a corrida, disse aos repórteres que estava focada na preparação para os 1.500 metros, para os quais também se qualificara. "A pista não liga para os seus sentimentos", disse. "Você tem que seguir em frente." Foi o que ela fez. Menos de uma semana depois, na sexta etapa da seleção para a equipe olímpica, Martinez obteve o terceiro lugar nos 1.500 metros — com uma diferença de 3 centésimos — e a oportunidade de representar os Estados Unidos no Rio de Janeiro. Ela só conquistou esse resultado na modalidade porque foi prejudicada na prova que era sua especialidade.

É fácil imaginar Martinez perdendo o foco e entrando em um ciclo vicioso de ruminação. Pior, poderia ter ficado deprimida ou esgotada. O lado sombrio da paixão poderia ter sido instigado pelo fracasso nos 800 metros, no momento mais importante de sua carreira, um resultado sobre o qual ela não teve nenhuma culpa. Mas, quando Brad a entrevistou para a revista *New York* pouco depois desse episódio, Martinez disse que, para superar o incidente, aplicara a mesma mentalidade que a levara até a seleção — após dez anos de treinos, contratempos, equívocos e quase sucessos. "Rapidamente, deixei os 800 metros pra lá e voltei à rotina, a me concentrar nas pequenas coisas que eu podia fazer para melhorar minhas chances de correr bem no fim da semana", disse ela a Brad.[6] Brenda Martinez não era uma escrava do objetivo de integrar a equipe olímpica. Seu foco estava no *processo*.

Mas a história de Martinez não ensina a evitar os grandes objetivos. Eles servem como guias e referenciais e, nessa acepção, são muito eficazes. Mas, como vimos, um foco excessivo em um determinado objetivo (sobretudo em eventos que não controlamos, como vencer uma corrida) quase sempre tem mais efeitos negativos do que positivos. A mentalidade de domínio redireciona o foco; em vez de priorizar um objetivo, executamos um *processo* que melhora nossas chances e promove aperfeiçoamentos contínuos. Ao adotar essa mentalidade, o indivíduo não avalia seu desempenho com base na concretização de um objetivo específico; analisa a qualidade da execução do processo escolhido. Afinal, só controlamos o processo, não os resultados.

Para manter o foco no processo, também devemos dividir as metas em partes menores e desenvolvê-las. Esse ótimo mecanismo mantém a atenção no presente durante a busca por objetivos distantes e em caso de contratempos e fracassos. Martinez deixou de lado seu azar nos 800 metros e tratou de manter a nutrição regrada, a preparação física e um bom sono para melhorar suas chan-

---
A mentalidade de domínio não avalia o desempenho com base na concretização de um objetivo, mas na qualidade da execução do processo.

ces de fazer uma boa corrida nos 1.500 metros. Ela não estava interessada na validação externa associada à participação nas Olimpíadas, e sim no processo de extrair seu melhor desempenho.

Essa mentalidade preserva a harmonia da paixão na longa e sinuosa rota até um grande evento como as Olimpíadas e se aplica a quase todas as paixões — como pintar um quadro, obter uma promoção ou melhorar um relacionamento. Primeiro, defina uma meta —, mas lembre-se: o objetivo deve ser uma direção, não um destino. Em seguida, determine as etapas necessárias para avançar nessa meta; esses eventos devem estar em seu raio de atuação. Depois, guarde o objetivo na gaveta e direcione seu foco para as etapas.

Quando focamos o processo, criamos oportunidades diárias para pequenas vitórias. Esses pequenos avanços servem como marcadores no caminho do domínio e estimulam a motivação no longo prazo. Vários estudos, incluindo um artigo publicado na conceituada revista científica *Nature*, explicam por que isso ocorre.[7,8] Os pesquisadores descobriram que, quando os ratos concretizam micro-objetivos durante uma busca por objetivos distantes (por exemplo, pegar uma curva correta em um labirinto), seus corpos liberam dopamina, o agente neuroquímico associado à motivação e à força de vontade. Sem essas doses de dopamina, os ratos ficam desanimados e desistem. Embora seja impossível replicar esses estudos em seres humanos de modo seguro, os cientistas acreditam que isso também se aplica a nós. O processo estimula o progresso, que, no plano neuroquímico, consolida nossa força de vontade.

Além de consolidar a motivação, manter o foco no processo evita que sua autoestima dependa de eventos que você não controla, como ser derrubado durante uma corrida de qualificação para as Olimpíadas. Essa postura impede o avanço do lado sombrio da paixão, pois não associa excessivamente a autoavaliação à conquista de um objetivo externo. Além disso, o foco no processo estimula uma incrível satisfação interna (produzida pela dedicação investida na atividade) e um sentimento especial e exclusivo de confiança, plenitude e contentamento. É uma forma dizer: "Fiz tudo que estava ao meu alcance, então a sorte está lançada."

Quando focamos o processo, criamos oportunidades diárias para pequenas vitórias. Esses pequenos avanços servem como marcadores no caminho do domínio e estimulam a motivação no longo prazo. O processo incentiva o progresso, que, no plano neuroquímico, consolida nossa força de vontade.

No longo prazo, seguir uma paixão inevitavelmente trará conquistas e fracassos, mas o caminho do domínio da atividade nunca chega ao fim. Ao manter o foco no processo, você ficará mais tranquilo, equilibrado e motivado nessa jornada. Não passe muito tempo pensando em concretizar metas específicas. Analise sua *performance na execução do processo* de contínuo aperfeiçoamento da atividade. Um objetivo é uma direção, não um destino. O processo mantém sua atenção no estado atual da jornada.

3. Mentalidade de Domínio: Troque "Ser o Melhor" por "Ser o Melhor em Melhorar"

Falamos sobre a importância de não focar excessivamente objetivos específicos, mas avançar na meta principal — melhorar — é crucial para internalizar a mentalidade de domínio e conservar uma paixão harmoniosa. Quando o objetivo central é melhorar, os fracassos e sucessos são episódios temporários, pois o aperfeiçoamento será contínuo e sempre exigirá mais tempo e prática. Não se avalie com base em um momento isolado da jornada; seu valor será o total da dedicação investida nesse processo constante de crescimento e desenvolvimento. A busca não é mais uma meta, mas uma parte de sua identidade. Você escreve para vender livros ou é um escritor? Corre para ganhar maratonas ou é um corredor? Pinta para vender retratos ou é um pintor?

A Prática da Paixão

- Mantenha o foco no processo, não nos resultados;
- Defina metas, mas, em vez de priorizá-las, desenvolva as etapas que estão em seu raio de atuação para concretizá-las. Lembre-se: os objetivos são uma direção, não uma conquista crucial a ser obtida a qualquer preço;
- Comemore as pequenas vitórias. Essa prática consolida a motivação na busca de objetivos distantes;
- Se mantiver o foco na jornada, chegará ao destino alegre, confiante e satisfeito.

Depois dessa transição — quando você de fato incorporar a atividade à sua identidade — será mais fácil seguir suas paixões de modo harmonioso. Claro, sempre haverá turbulências, decepções e triunfos ao longo do caminho. Mas, em vez de eventos decisivos, as conquistas e perdas serão fontes de informações — marcadores de progresso e vulnerabilidade — que servirão para o aperfeiçoamento de sua conduta e do processo no longo prazo.

Ironicamente, tentar "melhorar" pode ser muito eficaz quando você pensa que vai piorar. Isso porque, no geral, o termo "melhor" não diz respeito a resultados objetivos, mas à evolução de seu relacionamento com a paixão. Para as pessoas mais apaixonadas, melhorar é ficar mais forte, atencioso e sábio. Logo, "melhorar" é ser transformado no nível pessoal pela prática da paixão. Essa mudança ganha uma importância especial à medida que envelhecemos e perdemos algumas habilidades físicas e cognitivas:

Não se avalie com base em um momento isolado da jornada; seu valor será o total da dedicação investida no processo constante de crescimento e desenvolvimento.

- O autor que escreve rápido na juventude, movido pela expectativa de vender livros, parará na velhice. Mas o *escritor* continuará escrevendo, injetando novas ideias e experiências em sua obra. Para ele, o único fracasso será parar de escrever;

- O atleta que na juventude corre só para ganhar corridas jogará tênis ou fará hidroginástica na velhice. Mas o *corredor* continuará cruzando o asfalto. Mesmo que suas marcas fiquem estagnadas — e que a "corrida" se transforme em "caminhada" —, seu relacionamento com o esporte continuará evoluindo e crescendo. Mesmo que sua velocidade diminua bastante, enquanto estiver treinando, ele será mais rápido do que parado; essa é a grande vitória.

Para as pessoas mais apaixonadas, melhorar é ficar mais forte, atencioso e sábio.

Portanto, quando seu objetivo é melhorar, você constrói um relacionamento com a paixão para a vida toda e incorpora a atividade à sua identidade. Esse vínculo resiste às derrotas mais terríveis, aos maiores sucessos e ao tempo. Pare um pouco e avalie seus objetivos. Se estiverem ligados a referenciais concretos ou medidas de perdas e ganhos, reformule essas metas com base no espírito do domínio. O objetivo central é melhorar — ficar mais forte, atencioso e sábio — em relação à sua condição anterior. Adotando essa mentalidade, com o tempo você concretizará todos os objetivos definidos e ainda atingirá outras metas adicionais.

> ## A Prática da Paixão
>
> - O objetivo central é melhorar;
> - "Melhorar" não consiste apenas em obter resultados melhores. Opte pelo aperfeiçoamento contínuo e não por resultados pontuais para promover uma paixão harmoniosa em períodos bons e ruins;
> - Em vez de priorizar noções de vitória e derrota, concentre-se em melhorar — em ficar mais forte, atencioso e sábio — em relação à sua condição anterior.

4. Mentalidade de Domínio: Trabalhe por Avanços Crônicos A Partir de Falhas Agudas

Há um princípio bastante conhecido na preparação física: para ganhar massa muscular, deve-se ultrapassar os limites normais até chegar ao nível mais difícil, ou impossível, nas repetições. Na ciência do exercício, essa prática é conhecida como treino até a fadiga. Esse tipo de treino é eficaz porque a fadiga (ou, em alguns casos, o colapso muscular) gera um sinal crítico que orienta o corpo a crescer e se adaptar para suportar mais desafios no futuro. Quando você falha, o corpo identifica, no plano biológico, o que deve mudar. A falha provoca uma série de mudanças que preparam o indivíduo para um desafio maior. Ou seja, o corpo só cresce quando falha. Esse princípio não se aplica apenas aos músculos.

Em um estudo publicado na revista *Frontiers in Psychology*, os especialistas em desenvolvimento de talentos Dave Collins, Áine MacNamara e Neil McCarthy analisaram por que alguns atletas que haviam sido excepcionais na juventude se tornaram adultos excepcionais (os "supercampeões") e outros, também excepcionais na juventude, acabaram atuando em ligas inferiores (os "quase campeões" — um termo comovente). Os pesquisadores descobriram que a diferença entre os supercampeões e os quase campeões estava, em parte, na forma como cada grupo reagia diante das adversidades.

Os supercampeões se dedicavam de forma obstinada a superar os desafios; já os quase campeões desanimavam e regrediam. Segundo os pesquisadores, os supercampeões "assumiam uma postura quase fanática diante dos desafios". Encaravam os desafios de modo positivo — como oportunidades de crescimento — e superavam os fracassos com o "impulso constante" de seguir em frente. Sempre queriam crescer mais, testar os limites, desenvolver seu "melhor" desempenho. Por outro lado, em caso de derrota, os quase campeões culpavam fatores externos, assumiam uma postura negativa e perdiam a motivação. Todos os atletas encararam desafios parecidos, mas suas reações foram bem distintas.[9]

Outros estudos também apontam que indivíduos com histórico de adversidades e fracassos tendem a se dedicar mais e a obter sucesso no futuro. No mundo dos negócios, as empresas estão sempre recrutando profissionais que já falharam para executar projetos importantes. Isso ocorreu, por exemplo, em um dos empreendimentos mais recentes da Amazon, o AmazonFresh, um serviço de entregas para compras de supermercado. Para chefiar esse projeto, a Amazon contratou ex-executivos da Webvan, um serviço parecido (e pioneiro na área) que naufragou em 2001. Em uma carta aos acionistas, Jeff Bezos, CEO da Amazon, escreveu que "o fracasso é um elemento essencial da inovação".[10]

> Os supercampeões adotam uma postura quase fanática diante dos desafios.

Além de ser uma fonte de informações, quando encarado de forma produtiva e percebido como um elemento essencial do domínio, o fracasso pode ser superado e utilizado para aumentar nossa força. Isso depende, essencialmente, da maneira como internalizamos o fracasso. Você atribui as falhas a variáveis que estão em seu raio de atuação ou a uma dose de azar sem relação com sua conduta? Ou atribui o fracasso a si mesmo, pois sabe que não é nem nunca será bom o bastante? Muitas vezes, adotamos a segunda postura, produzindo um medo do fracasso que nos afasta de experiências mais desafiadoras. Essa característica se instala na juventude. Estudos mostram que os alunos que temem o fracasso desanimam e interrompem a prática assim que a situação fica mais difícil.[11] Já os alunos mais focados no domínio da atividade continuam avançando e procurando soluções alternativas.

Para superar o medo do fracasso, primeiro temos que desconectar nosso ego do produto externo do trabalho. Caso contrário, o fracasso será percebido com um ataque ao ego, atingindo um nível bastante pessoal. Quando isso ocorre, entramos no modo defensivo — culpamos os outros, paramos de correr riscos e, pior, trapaceamos. Foi assim que o lado sombrio da paixão passou a controlar os executivos e atletas citados no capítulo anterior. Por outro lado, quando o ego é removido da equação, o fracasso se torna uma excelente fonte de informações e uma oportunidade de crescimento. Mas, como no caso da motivação externa, o ego também costuma se infiltrar sutilmente na equação. Por isso, é importante desenvolver todos os elementos da mentalidade de domínio, que atuam em conjunto para conter o ego.

Superar esse medo não é o mesmo que procurar intencionalmente o fracasso. Você deve encarar desafios mais complexos, ir mais longe. Quando isso ocorre, há duas opções: superação ou fracasso. Esses dois resultados são essenciais para o domínio. Ninguém domina uma atividade com uma única tentativa perfeita. O domínio só vem após muitas falhas, e cada uma delas oferece uma lição importante. Quando percebemos o objetivo como uma direção, e não um destino, encaramos o fracasso como algo natural. Cada falha fornece as informações necessárias para a continuidade do aperfeiçoamento. No geral, o que parece um fracasso no curto prazo é essencial para os ganhos no longo prazo. Há um antigo provérbio oriental sobre isso: "Os fracassos do mestre ultrapassam as tentativas do aluno." Precisamos aplicar esse ensinamento.

> ### A Prática da Paixão
> - Adote a mentalidade do supercampeão:
>   — Não fique desanimado ou triste demais com o fracasso;
>   — Encare a falha de forma produtiva, como uma fonte de informações críticas, como um método para identificar áreas a melhorar.
> - Lembre-se: muitas vezes o que parece um fracasso no curto prazo é essencial para os ganhos no longo prazo.

5. Mentalidade de Domínio: Paciência

Algumas verdades simples:

- O caminho do domínio é muito difícil e exige tempo e uma dedicação obstinada;
- Todo processo de longo prazo inclui períodos de tédio;
- Somos programados para buscar novidades e estímulos; por isso, "soluções rápidas" e "gambiarras" são tão atraentes — e raramente funcionam;
- Para consolidar o domínio, extrair seu melhor desempenho e cultivar uma paixão para a vida inteira, é necessário ter paciência.

No entanto, a paciência é extremamente rara hoje em dia. Para começar, definamos a paciência como uma habilidade valiosa, uma vantagem competitiva. Embora seja difícil perceber, a tecnologia está nos condicionando a ter menos paciência e a esperar cada vez mais por gratificações imediatas: queremos ter o que desejamos, no momento em que desejamos. Instantaneamente e sem nenhum esforço, obtemos a resposta para uma pergunta difícil (Google), conversamos com alguém que está no outro lado do mundo (Skype) e marcamos um encontro (Tinder). Essa tecnologia é maravilhosa para conectar o planeta, mas, em seu lado negativo, reduz nossa atenção. Estamos cada vez mais incomodados com a quietude, com as faixas de tempo e espaço em que nada acontece. Um estudo recente mostrou que as pessoas preferem receber descargas elétricas a ficar sozinhas e sem um dispositivo móvel por alguns minutos.[12]

Essa falta de paciência é um problema. Nas palavras do autor e mestre de aikido George Leonard: "Se quiser aprender algo significativo e promover uma mudança impactante em si mesmo, prepare-se para passar a *maior* parte do tempo no platô."[13] Essa disposição para passar um bom tempo no platô está intimamente relacionada à diferença entre a paixão harmoniosa e a paixão mais sombria. Muito antes da criação do termo *paixão obsessiva* pelo psicólogo Robert Vallerand, Leonard descreveu a personalidade obsessiva: o indivíduo que não tem a paciência e a persistência necessárias para atingir o domínio:

> O Obsessivo é uma pessoa pragmática que não se conforma com o segundo lugar. Só valoriza os resultados e precisa obtê-los com rapidez, custe o que custar. Na verdade, quer acertar tudo de primeira e fica conversando com o instrutor depois da aula. Pede informações sobre livros e fitas para progredir mais rápido.
>
> O Obsessivo começa com um avanço expressivo. O primeiro ciclo sai exatamente como esperado. Mas ele inevitavelmente regride, chega a um platô e não aceita a situação. Então, ele dobra as

apostas e trabalha de maneira furiosa, recusando as orientações de moderação do chefe e dos colegas. Passa a noite toda no escritório em busca de atalhos para obter resultados rápidos.

O Obsessivo sonha com a rampa da vitória, a trilha sonora, a viagem até as estrelas. Quando seu ardor esfria, ele não busca outra opção. Mantém a nave no céu a qualquer preço. Não entende que é necessário passar por períodos de desenvolvimento no platô... Seja qual for sua atividade, o Obsessivo sempre obtém avanços pontuais seguidos por quedas acentuadas — uma viagem irregular em direção ao abismo. Na queda, o Obsessivo quase sempre se machuca. E o mesmo acontece com seus amigos, colegas, acionistas e parceiros.[14,15]

As semelhanças entre a paixão obsessiva de Vallerand e a personalidade obsessiva descrita por Leonard são notáveis. Os elementos da mentalidade de domínio — motivação interna, foco no processo, "ser o melhor em melhorar" e avanços crônicos a partir de falhas agudas — exigem paciência. A paciência é o fator que viabiliza a mentalidade de domínio e a paixão harmoniosa. Sem a paciência, a paixão harmoniosa pode facilmente se transformar em uma paixão obsessiva, deturpando o processo e causando danos e sofrimento.

> "Se quiser aprender algo significativo e promover uma mudança impactante em si mesmo, prepare-se para passar a maior parte do tempo no platô."

Então, a moral da história é ter paciência e persistir? Sim, mas isso não é nada fácil. Como vimos, a paciência não é uma característica inata, mas uma habilidade que precisa ser desenvolvida. Brett Bartholomew tem bastante experiência nessa área. Ele é preparador físico e já treinou atletas fantásticos no mundo todo, como estrelas da NFL e campeões do UFC. Só trabalha com pessoas altamente apaixonadas; claro, se não fossem, não estariam no topo.

O desafio de Bartholomew é o seguinte: como seus atletas já estão em um nível muito alto, é bem difícil melhorar o desempenho deles. Essa dificuldade se aplica até aos avanços mais ínfimos. O processo de cobrir as últimas faixas de desempenho — entre o bom, o ótimo e o melhor de todos — é muito demorado.

Quando percebe uma retração na persistência e na disciplina — um risco muito significativo nos esportes devido aos esteroides ilegais e aos danos físicos causados por treinos irresponsáveis —, Bartholomew incentiva o atleta a pensar em seu propósito. Essa é uma ótima abordagem, recomendável a todos os casos. É bem fácil praticá-la: basta determinar por que você está se dedicando à busca em questão. A ciência também confirma a importância dessa reflexão sobre o propósito. Como no caso dos valores fundamentais, ao pensar em seu objetivo você não só reforça a mentalidade de domínio como aumenta as chances de superar mais desafios no longo prazo. Claro, quando nos perguntamos por que somos apaixonados por algo e chegamos a uma resposta baseada em validação externa ou prevenção de falhas, devemos fazer uma reflexão bem mais séria. Mas, se a resposta fizer referência ao domínio — por exemplo, quando você se dedica a uma atividade para crescer, aprender e melhorar como ser humano —, pensar no propósito será uma ótima forma de se lembrar da importância de continuar avançando, em especial nos períodos de tédio que ocorrem no platô.

Além de consolidar a motivação, pensar no objetivo cria um espaço entre o impulso — a vontade de ficar triste com cada falha aguda e pegar atalhos ou desistir — e a ação. Utilize esse espaço para lembrar que uma longa união — com um esporte, uma escultura, uma ideia ou uma pessoa — tem muitos aspectos excelentes e que não é bom abrir mão deles por uma tentação momentânea.

> ### A Prática da Paixão
> - A paciência não é só uma virtude; é uma habilidade que deve ser desenvolvida ao longo do tempo;
> - Ter paciência é essencial para o domínio e para a paixão harmoniosa. Saber como permanecer na trilha ao passar pelos vales e platôs é a diferença entre os bons e os excelentes, e entre a paixão harmoniosa e a obsessiva;
> - Para preservar a paciência, pense no objetivo, no "porquê" da atividade. Você lembrará por que está se dedicando a ela e criará um espaço entre o impulso e a ação.

6. Mentalidade de Domínio: Aqui e Agora

Vá lá fora e olhe fixamente para o muro mais próximo. Poucos achariam isso interessante. É provável que muitos viessem a sentir um grande tédio. Mas o filósofo e autor Robert Pirsig tinha outra visão. No clássico *Zen e a Arte da Manutenção de Motocicletas*, Pirsig descreve o poder da dedicação total a *qualquer* prática, inclusive atividades que muitos acham monótonas. Ele conta a história de uma aluna da universidade: inicialmente, a jovem tinha que escrever um ensaio sobre os Estados Unidos. Como chegou à aula desesperada, dizendo que não conseguia formular o texto, Pirsig sugeriu um tema mais estrito: a cidade em que eles viviam — Bozeman, em Montana. Mesmo assim, nas semanas seguintes, ela não conseguiu superar o bloqueio. Pirsig disse que ela não estava observando direito, não estava prestando atenção. "Você não está observando! Pense na fachada de *um* prédio na rua principal de Bozeman", disse Pirsig. "A Opera House. Comece pelo tijolo superior esquerdo."

Segundo Pirsig, a aluna saiu da sala, instalou-se em frente à Opera House e passou a observar o tijolo superior esquerdo. Para sua surpresa, as palavras começaram a surgir. Pouco depois, escreveu não só as 500 palavras da tarefa original, mas um texto de 5 mil palavras, estimulada pelos tijolos da Opera House. Nas palavras de Pirsig: "Ela não conseguia escrever nada sobre Bozeman porque não se lembrava de nada que valesse a pena. Estranhamente, não sabia que podia olhar para as coisas de um jeito novo, como escreveu depois, sem se guiar pelo que ouvira antes. O tema estrito do tijolo destruiu o bloqueio porque era tão óbvio que *exigia* um olhar novo e direto."[16] Para Pirsig, essa dedicação íntima é essencial para vermos as coisas com mais clareza e aproveitarmos a vida ao máximo.

Quando nos dedicamos por completo ao que estamos fazendo, adquirimos uma nova perspectiva sobre as atividades e nosso papel nelas. Mas quase sempre estamos no piloto automático e não escolhemos um objeto nem o nível de atenção que investiremos nele. Para fomentar a paixão, precisamos remover as distrações e eliminar os pensamentos inúteis e automáticos que preenchem nossas mentes. Na prática, temos que dedicar tempo, espaço e energia para investir tudo de nós nas paixões. Não é necessário destinar um dia todo nem todos os dias, mas precisamos marcar e consagrar um horário.

Outros, como Pirsig, também acreditam que, quando dedicamos uma atenção especial à prática, até observar um tijolo pode ser uma experiência interessante: para o mecânico de motocicletas e autor Matthew Crawford, "aproveitar uma atividade é se dedicar a ela e ser absorvido por ela, e essa absorção consiste em dedicar uma atenção obstinada e ativa ao elemento positivo da atividade em questão".[17] Segundo o filósofo e autor Alain de

Botton: "Tudo é potencialmente fértil para a arte, e podemos fazer descobertas importantes tanto em um anúncio de sabão quanto nos *Pensamentos* de Pascal."[18] O segredo é a dedicação.

A dedicação focada é o combustível da paixão harmoniosa. Parece simples e óbvio, mas poucas coisas recebem nossa atenção integral. Até as atividades que antes mantinham nosso foco no presente — como caminhar ou correr em um bosque, segurar um bebê e consultar um médico — agora são dominadas pelos bipes e zumbidos dos dispositivos digitais. A todo momento, essas invenções desviam nossa atenção para o próximo fator, criando a ilusão de que estamos ocupados e imersos no presente quando, na verdade, estamos no piloto automático e vulneráveis às distrações. Parece que estamos *aqui*, mas na verdade estamos *lá longe*.

Essa imersão no presente não é só mais um tema da obscura metafísica dos filósofos. Pesquisas demonstram que a forma como investimos nossa atenção exerce grande influência em nossos cotidianos e vidas.[19] Segundo pesquisadores da Radboud University, na Holanda, "uma das funções mais importantes da atenção é traduzir objetivos em comportamentos".[20] Ou seja, o objeto que atrai a atenção recebe determinado valor, um sinal que reforça a ideia de que a atividade escolhida é importante. Fazemos as coisas que consideramos importantes. Parece paradoxal, mas, em síntese, o que é importante não atrai nossa atenção; *o que recebe nossa atenção se torna importante*. Isso explica por que muitos trocam as atividades "importantes" por distrações triviais. Tudo que atrai nossa atenção ganha importância.

Aqueles que adotam a mentalidade de domínio compreendem a importância da atenção. Embora todos se distraiam de vez em quando, essa mentalidade exige que você invista tempo e energia nas atividades e dedique toda a atenção que elas merecem. É preciso reforçar constantemente a grande importância da busca — comunicada pelo direcionamento da atenção — para desenvolver a disciplina e as habilidades necessárias e combater as distrações, os "vampiros da atenção" que estão sempre ao redor. Se o tempo é o recurso mais valioso de todos, a atenção — a forma como você investe o tempo — é uma ferramenta essencial para utilizá-lo de modo eficaz. A paixão deve ser desenvolvida aqui e agora.

Parece paradoxal, mas, em síntese, o que é importante não atrai nossa atenção; o que recebe nossa atenção se torna importante.

A Prática da Paixão

- Para dedicar uma atenção total a uma paixão, elimine as distrações. Invista tempo, espaço, energia e foco em períodos de dedicação exclusiva;
- Lembre-se: o que é importante não atrai sua atenção; o que recebe sua atenção se torna importante. Então, seja criterioso ao direcionar seu foco.

Como vimos, a mentalidade de domínio tem seis princípios centrais:

1. Motivação interna;
2. Foco no processo;
3. Troque "ser o melhor" por "ser o melhor em melhorar";
4. Trabalhe por avanços crônicos a partir de falhas agudas;
5. Paciência;
6. Aqui e agora.

Siga esses princípios para evitar o tipo mais sombrio de paixão e incentivar a paixão harmoniosa. Essa paixão é a melhor e viabiliza uma ótima existência.

CONVIVENDO COM A PAIXÃO HARMONIOSA

O filósofo e autor Robert Pirsig, a quem já mencionamos, define a qualidade não como um adjetivo, mas um evento. Para Pirsig, a qualidade ocorre quando ator e ato estão tão entrelaçados que chegam a ser inseparáveis — tornam-se uma só entidade. A Qualidade (com um "Q" maiúsculo para indicar sua natureza singular) representa uma conexão formada por um alto nível de respeito, atenção e carinho. Vemos esse fenômeno quando um artista não consegue se dissociar do mármore que está esculpindo e se integra à obra no processo de criação. Quando um atleta está tão focado no esporte que passa a fluir junto com ele em vez de praticá-lo. Quando dois amantes sabem exatamente o que o outro está sentindo sem dizer nenhuma palavra. Pirsig acredita que só com essas conexões, que incorporam a Qualidade, podemos aproveitar a vida ao máximo.[21]

Se quiser obter essa Qualidade, não fique pensando no passado, no futuro ou no que os outros pensam de você e de seu trabalho. Dedique-se totalmente à atividade em questão, aqui e agora. Só conquistamos a Qualidade de Pirsig quando combatemos o medo e a fixação em resultados externos e embarcamos em uma jornada pelo prazer da busca. A paixão harmoniosa fomenta a Qualidade.

Outros grandes pensadores também abordaram esse fenômeno. Para George Leonard, Deus vive no espaço entre o ator e o ato.[22] Erich Fromm descreve um tipo especial de alegria "que experimentamos *no processo* de construção de uma existência mais autêntica".[23] Pouco antes de morrer, ao ser questionado sobre seu conceito de qualidade, Avedis Donabedian, um dos pais do movimento pela qualidade nos serviços de saúde, disse: "Qualidade é amor."[24]

> *Se quiser obter essa Qualidade, não fique pensando no passado, no futuro ou no que os outros pensam de você e de seu trabalho. Dedique-se totalmente à atividade, aqui e agora.*

A paixão harmoniosa e a respectiva Qualidade proporcionam uma experiência muito especial no aspecto profissional e também no existencial. Abordando vários campos, como artes, esportes e negócios, uma análise abrangente da literatura acadêmica identificou uma relação entre a paixão harmoniosa e uma melhoria nos níveis de vitalidade, envolvimento emocional, aprendizado, preparo, desempenho e satisfação.[25] Ou seja, a mentalidade de domínio e a paixão harmoniosa são fatores essenciais para obter a melhor performance possível e aproveitar ao máximo a vida.

Mas a história não para por aí. Mesmo que adote a mentalidade de domínio e cultive uma paixão harmoniosa, uma busca intensa sempre tem um preço: o risco de negligenciar os demais aspectos da vida. Mergulhar de cabeça em uma paixão — mesmo que ela seja positiva e harmoniosa — costuma bagunçar a existência. Aqui surge uma pergunta fundamental: É possível levar uma vida apaixonada e ao mesmo tempo "equilibrada"? Será que vale a pena tentar?

> *A paixão harmoniosa e a respectiva Qualidade proporcionam uma experiência muito especial não apenas no aspecto profissional, mas também no existencial.*

> ## A Prática da Paixão
>
> - A mentalidade de domínio viabiliza a paixão harmoniosa, a melhor, e um tipo especial de *Qualidade*: você fica tão imerso em uma atividade que acaba se integrando a ela, formando uma unidade;
> - Quando cultivamos uma paixão harmoniosa, sentimos um entusiasmo intenso;
> - A paixão harmoniosa aumenta os níveis de vitalidade, desempenho e satisfação, entre outros fatores. No entanto, essa paixão tem um preço: com a dedicação total, há o risco de negligenciarmos os demais aspectos da vida.

A Ilusão do Equilíbrio

Acima de tudo, Jim Rohn, lenda das palestras motivacionais, prezava pelo equilíbrio. Pôsteres com suas palavras decoram salas de aula, escritórios e estúdios de ioga no mundo todo. "Uma vida sem equilíbrio é prejudicial à saúde, à espiritualidade, à prosperidade e à felicidade. Portanto, procure motivação em todas as áreas da vida. Seu sucesso depende dessa capacidade."[1] Rohn transmitia uma mensagem forte, mas não era o único. Milhares de livros de autoajuda oferecem dicas semelhantes. Talvez até haja uma seção de "equilíbrio" em sua livraria preferida. O princípio do equilíbrio é fundamental para a indústria de autoajuda.

Mas essa doutrina não é uma exclusividade de palestrantes e gurus. As universidades também estão nesse jogo. Por exemplo, veja estes pontos abordados em um curso de "otimização do equilíbrio", oferecido na Washington University em 2016:[2]

- **Analise o estado do equilíbrio em sua vida:** os alunos aprenderão a "superar os obstáculos internos e externos à concretização do equilíbrio";
- **Preserve o equilíbrio em sua vida:** os alunos aprenderão "técnicas para alcançar e preservar o equilíbrio";
- **Estratégias para aperfeiçoar o equilíbrio:** os alunos aprenderão táticas para "viabilizar uma vida mais equilibrada".

Embora o equilíbrio esteja na moda, nosso fascínio por essa ideia não é nada novo. Profundamente instalado na psique coletiva, as origens do conceito remontam à Grécia antiga. Em 300 a.C, Aristóteles orientava seus seguidores a buscarem a média de ouro, um meio-termo ideal entre dois extremos: o excesso e a escassez. Na mesma época, Platão popularizou a "teoria tripartite da alma", que destacava a necessidade de alinhar as diferentes partes do espírito. Segundo um dos primeiros fundamentos da medicina, uma pessoa saudável tinha seus quatro humores (bile amarela, bile negra, fleuma e sangue) em perfeito equilíbrio. De acordo com esse modelo, as doenças ocorriam quando havia excesso ou deficiência de um desses humores. O artista Leonardo da Vinci criou o *Homem Vitruviano* para representar o corpo ideal, perfeitamente simétrico e equilibrado. A busca pelo equilíbrio esteve presente em diversos contextos históricos.

Portanto, não surpreende que o equilíbrio seja tão celebrado. Quando há equilíbrio, tudo vai bem. Equilíbrio. Equilíbrio. Equilíbrio. Mas você já conheceu alguém interessante — ou muito apaixonado — e ao mesmo tempo equilibrado? Pense em suas experiências. Nos momentos em que você se sentiu mais vivo, havia equilíbrio? Para nós, os autores, a resposta é um sonoro não. Seja nos apaixonar por alguém, sair em expedições no Himalaia, escrever um livro, ou treinar para melhorar nosso desempenho em um esporte, nesses períodos de plenitude, ficamos completamente *absortos* nas atividades. O foco no equilíbrio — na distribuição balanceada de tempo e energia em todas as áreas da vida — teria comprometido essas experiências cruciais. Não somos os únicos que pensam assim.

Quase todos os grandes profissionais — entre atletas, artistas, programadores e empreendedores —, que observamos em nossas carreiras como jornalistas, autores e consultores, conhecem a diferença entre se sentir feliz e realizado e estar no auge e apostar tudo em algo. Segundo Rich Roll, o triatleta que vimos no Capítulo 2, "o caminho para a realização na vida, para a satisfação emocional, é encontrar algo muito fascinante e canalizar tudo para esse ponto". Para o dr. Michael Joyner, um pesquisador excepcional da Mayo Clinic: "Você deve ser minimalista para ser maximalista; se quiser ser muito bom, dominar e aproveitar algo, deve renunciar a muitas coisas." Nic Lamb, um dos melhores surfistas de ondas gigantes do planeta, descreve sua busca incessante pela excelência da seguinte maneira: "A melhor forma de obter satisfação é dar tudo de si."[3]

> *Você já conheceu alguém interessante — ou muito apaixonado — e, ao mesmo tempo, equilibrado?*

PAIXÃO E EQUILÍBRIO SÃO OPOSTOS

Antes de Steve se destacar no atletismo e começar a correr uma milha em pouco mais de quatro minutos, seu treinador no colégio (um sujeito sério e simpático chamado Gerald Stewart) reuniu a equipe para um papo motivacional de pré-temporada. Até então, a equipe de cross-country* da Klein Oak High School não era, digamos, uma grande referência. Nos 22 anos de existência da escola, o grupo nunca se classificara para o campeonato estadual. Aquela equipe masculina de cross-country era como qualquer outra: 12 garotos magros que se destacavam em matemática e ciências, mas que não eram nem medianos na corrida. Porém, três anos depois, a escola teria um dos melhores programas de atletismo não só do Texas, mas do país. Essa rápida transformação foi um efeito do memorável papo de Stewart, que conseguiu convencer aqueles 12 adolescentes a seguirem suas palavras.

"Rapazes, vocês têm que escolher", disse Stewart. "Podem escolher a busca pela excelência, ser bons em alguma coisa. Ou ficar onde estão. A maioria dos seus colegas vai escolher isso, o caminho da mediocridade; outros tentarão puxar o tapete de vocês, sugerindo o caminho mais comum, que é ficar de bobeira no colégio. Alguns serão mais espertos e terão um bom currículo com boas notas e participações em clubes de debate, comitês, talvez um ou dois estágios; mas nunca serão excelentes. Acredito que só é possível ser excelente em duas coisas ao mesmo tempo. Se tentarem fazer mais do que isso, vão se dar mal. A decisão de ser excelente na equipe abrange só dois aspectos: a corrida e a escola." O treinador Stewart sabia que, para transformar o fraco programa de atletismo da escola em uma força excepcional, teria que acender uma paixão intensa nos corredores. Mas ele também sabia que é difícil, talvez impossível, conciliar paixão e equilíbrio.

---

* Cross-country é um esporte praticado em equipe no qual os atletas competem em uma corrida em terreno aberto ou acidentado. É diferente da corrida de rua ou de pista principalmente pelo percurso, que pode incluir relva, lama, mata ou água.

O equilíbrio é complexo. Temos que fazer malabarismo com os diversos componentes da vida, participar de todas as atividades. Temos que ser os melhores companheiros, os melhores pais, os melhores funcionários, os melhores alunos, os melhores atletas e assim por diante — ao mesmo tempo. Mas isso é uma ilusão e logo cai por terra quando analisamos um indivíduo apaixonado. Quando estamos absortos em uma paixão, não há nenhum equilíbrio. Ficamos focados, totalmente imersos no objeto de desejo. Pergunte a alguém que já tenha investido tudo de si em algo — que tenha se dedicado a ser o melhor que podia ser, mesmo que não pudesse ser o número um; essa pessoa dirá que é fácil esquecer de tudo que está fora da paixão. A paixão é disruptiva. Mesmo que seja harmoniosa e desenvolvida de forma incremental, a paixão desequilibra a vida. Como já apontava um de seus significados originais, conviver com a paixão pode ser uma batalha.

Vejamos a história de Warren Buffett, um dos investidores mais bem-sucedidos de todos os tempos. Mesmo tendo um patrimônio pessoal de US$75 bilhões, Buffett leva (e sempre levou) uma vida relativamente modesta. Troca de carro a cada dez anos (em geral sedãs de preço intermediário) e costuma tomar café da manhã no McDonald's. Embora possa viver em qualquer lugar do mundo, mora em Omaha, Nebraska, a cidade modesta em que nasceu, 88 anos atrás. Desde a juventude, Buffett sempre evitou os holofotes e prefere ler bastante e participar de pesquisas a frequentar eventos da alta sociedade. Ironicamente, apesar de todo o dinheiro que tem, não liga para a validação associada à riqueza. Buffett não tem nenhum interesse em participar desse fogo cruzado. Sua motivação é diferente: só quer

> É difícil, talvez impossível, conciliar paixão e equilíbrio.

ser o melhor investidor que pode ser. Para Buffett, os investimentos são um fim, um ofício. Ele adota a mentalidade de domínio. Logo, tornou-se um mestre.

Mas Buffett não é nada equilibrado. Desde criança, é fascinado pelo desafio de investir. No primário, em vez de participar de atividades normais — como praticar esportes, namorar e brincar —, Buffett operava seu próprio serviço de entregas e vendia chicletes, Coca-Cola e revistas semanais. Com o tempo, seus negócios e investimentos ficaram mais sofisticados: limpeza de carros, venda de bolas de golfe e selos, e até aquisição de máquinas de pinball para colocar nas barbearias locais. No anuário do colégio, sua foto vinha acompanhada de um comentário singelo: "Gosta de matemática: um futuro corretor de ações."[4]

Sua paixão por investir se intensificou ainda mais. Mas, como vimos, ele não queria impressionar ninguém nem levar uma vida extravagante — era modesto por natureza. Buffett era fascinado pelo desafio de acumular riqueza. Só pensava em estratégias financeiras, em possíveis investimentos e na otimização das empresas que comprava. Depois que casou e teve três filhos, Buffet tentou se dedicar plenamente à família. Porém, certa vez sua esposa Susan disse: "Com Warren, a proximidade física não significa que ele está lá mesmo."[5]

No documentário *Becoming Warren Buffett,* seu filho Howard aponta a dificuldade de manter uma conexão emocional com o pai "porque esse não é o modo operacional básico dele". Segundo Susie, sua filha, é preciso falar com Buffett usando frases curtas porque "quem se prolonga demais é substituído pela ideia gigante que está circulando na cabeça dele no momento."[6] Tudo indica que Buffett era bem-intencionado e dedicado à família, mas seu foco estava totalmente direcionado para os investimentos (e continua assim). Por mais que tente, não consegue desligar esse hábito. Sua paixão é harmoniosa, mas tem um custo: exige atenção total. Segundo o autor James Surowiecki: "Buffett nasceu para ser um excelente investidor. Mas teve que suar a camisa para ser bom na vida."[7]

Buffett é outro nome na lista de apaixonados, que inclui muitas figuras celebradas como heróis. Por exemplo, dois dos maiores ativistas da história: Alexander Hamilton e Mohandas Gandhi. Os dois tinham paixões harmoniosas, animadas não pelo ego, mas pela motivação interior e por uma crença inabalável. No entanto, ambos tinham vidas pessoais inconsistentes. Hamilton exerceu papel essencial na criação do governo norte-americano, mas mantinha um caso extraconjugal. Gandhi conduziu a Índia à independência e inspirou movimentos pacifistas por direitos civis no mundo todo. Por sua dedicação, recebeu os nomes Mahatma, "grande alma" em sânscrito, e o menos conhecido Bapu, "pai" em hindi. Mas aqui há uma grande ironia: Gandhi era um pai para a Índia, mas não para seu filho mais velho, Harilal. O relacionamento deles era tão problemático que Gandhi cortou todos os laços com Harilal.[8]

Não sabemos ao certo por que as vidas familiares de Hamilton e Gandhi eram conturbadas. Só podemos especular que eles se dedicavam tanto às suas paixões e à batalha por direitos civis que não sobrava espaço para outras pessoas e atividades. Os dois exemplos são extremos, mas destacam um princípio fundamental: nosso tempo, nossa atenção e energia são limitados. Quanto mais nos apaixonamos por uma atividade, menos nos dedicamos aos demais aspectos da vida. Por si só, isso não é "bom" nem "ruim". É o que é. Não dá para imaginar Hamilton e Gandhi se dedicando menos às suas causas. E é inegável que levaram vidas produtivas e cheias de paixão. Mas sem dúvida suas existências não foram equilibradas.

Além de Buffett, Gandhi e Hamilton, há muitos outros casos. Procure um atleta olímpico equilibrado. Um cirurgião traumatologista. Um romancista premiado. Um adolescente que se apaixona pela primeira vez. Um pai ou mãe de primeira viagem. É bem difícil. Seguir uma paixão profunda com equilíbrio é impossível. As origens — biológicas e psicológicas — da paixão impedem que isso ocorra. Lembre-se do Capítulo 2: a paixão e o vício são faces da mesma moeda. Embora a sociedade diferencie a conduta produtiva da destrutiva, os dois comportamentos estão associados aos mesmos fatores e tendem a ficar mais intensos. Conviver com a paixão é, por definição, viver sem equilíbrio.

Tempo, atenção e energia são limitados. Quanto mais nos apaixonamos por uma atividade, menos nos dedicamos aos demais aspectos da vida.

Essa característica é universal e foi descrita por Aristóteles séculos atrás. Em *Ética a Nicômaco*, ele diz: "Aqueles que apreciam tocar flauta não nos escutam nos debates quando ouvem alguém tocando flauta, pois gostam mais de tocar flauta do que da atividade em questão; o prazer associado à flauta destrói a atividade do debate. O mesmo acontece nos outros casos, quando o indivíduo pratica duas coisas ao mesmo tempo... *Por isso, quando estimamos muito algo, não nos dedicamos a mais nada.*"9

Conviver com a paixão é, por definição, viver sem equilíbrio.

O problema não é fazer sacrifícios, mas seguir o fluxo da paixão *sem avaliar os sacrifícios que fazemos* — como amigos, família, hobbies e até prazeres simples, como assistir a um programa de televisão de que gostamos. Como veremos a seguir, é possível determinar claramente o que importa na vida e acompanhar as mudanças nesses fatores ao longo do tempo. Mas antes temos que abordar outro grande risco de viver uma paixão sem nenhum controle: o *burnout*.

APOSTANDO TUDO SEM CHEGAR AO *BURNOUT*

Muitos acreditam que "apostar tudo" em uma paixão significa trabalhar o tempo todo. Mas essa receita não leva a um sucesso sustentável. Leva ao *burnout*.

Como descrevemos em *Peak Performance*, para avançar de modo consistente, você precisa descansar. Pegar muito pesado, o que chamamos de estresse produtivo, não produz crescimento, que só ocorre quando o estresse é alternado com descanso. Ou seja, segundo a fórmula mais popular de nosso livro anterior: "estresse + descanso = crescimento."

Comprovadamente, a motivação interna viabiliza o desempenho no longo prazo e previne o *burnout*. Como já escrevemos antes, tanto nas quadras quanto nos escritórios, se sua motivação vier de dentro e se a atividade for seu foco principal — isto é, se você gostar do que faz e não apenas das recompensas externas e do reconhecimento —, você terá um desempenho melhor. Mas a motivação interna não é uma blindagem. Mesmo quando gostamos do trabalho — ou talvez *por isso mesmo* —, se forçarmos a barra e não tirarmos um tempo adequado para descanso e recuperação, provavelmente ficaremos estagnados.

Um dos melhores aspectos da nossa atividade de coaching é a oportunidade de ter contato com pessoas dotadas de uma forte motivação interna. É raro que precisemos incentivá-los a avançar. Essa não é a parte difícil. O difícil é administrar esse ímpeto. Sem nenhuma restrição, esses atletas, executivos e empreendedores trabalham até cair — seguindo sua motivação interna. Se você gosta do que faz e quer melhorar, a tendência é continuar avançando. Infelizmente, mesmo que esse ímpeto venha de fatores internos (e corretos), a mente e o corpo se cansam em algum momento. E, quando isso ocorre, vem a apatia e, pior, a depressão. Em geral isso acontece de modo sutil, sem que se perceba.

Além do mais, o sono tem uma importância fundamental. Se você ama o que faz e quer produzir um bom trabalho, *nem pense* em sacrificar o sono. No início dos anos 2000, pesquisadores de Harvard descobriram que só retemos, consolidamos, armazenamos e conectamos informações durante o sono. Ou seja, a mente só se expande e produz insights quando está em repouso.

Porém, esse afastamento é muito difícil, sobretudo quando gostamos do que fazemos. Ernest Hemingway dizia que, por mais que escrever fosse desgastante, o maior desafio era "a espera até o dia seguinte", quando ele se forçava a descansar. No livro de memórias *Sobre a Escrita*, Stephen King afirma: "Para mim, não trabalhar é o trabalho de verdade."

Há uma pérola de sabedoria no comentário de King. Quando achamos que não trabalhar faz parte do trabalho, ficamos mais dispostos a não trabalhar. Esse sentimento é comum entre os melhores (e *mais consistentes*) músicos, atletas, artistas, intelectuais, executivos e empresários do mundo todo. Eles consideraram o descanso uma parte essencial das atividades. Para eles, essa pausa não é um período de passividade (ou seja, um tempo em que não estão fazendo nada), mas um intervalo de atividade (um período em que o cérebro — ou o corpo, no caso dos atletas — está crescendo e melhorando); por isso, esses indivíduos respeitam suas folgas. Nessa perspectiva, o descanso não é um elemento separado, mas parte do trabalho. Apostar tudo em uma atividade não elimina a necessidade de descansar. Na verdade, seguir uma paixão é uma boa razão para repousar. Lembre-se: estresse + descanso = crescimento. Em todas as atividades, sempre estabeleça períodos regulares de descanso e recuperação.[**]

ESQUEÇA O EQUILÍBRIO – PRATIQUE A AUTOCONSCIÊNCIA

Além dos riscos de negligenciar os demais aspectos de sua vida (e se arrepender depois) e do *burnout*, também há o perigo de vincular sua identidade a uma atividade: O que fazer quando não é mais possível praticá-la? Não surpreende que atletas e profissionais muito motivados sofram de depressão e outros problemas de saúde mental quando se aposentam. À medida que você se dedica, fica mais difícil parar. Porém, nós, os autores, não achamos que o equilíbrio — que em essência consiste em nunca apostar tudo em algo — seja a solução. Bem melhor do que buscar o equilíbrio é praticar a autoconsciência, a capacidade de avaliar, monitorar e controlar proativamente seus valores centrais, emoções, paixões, comportamentos e seu impacto sobre os outros. A autoconsciência

---

[**] Para saber mais sobre o descanso, leia nosso outro livro (*Peak Performance: Elevate Your Game, Avoid Burnout, and Thrive with the New Science of Success*). Nessa obra, dedicamos mais de 60 páginas à equação "estresse + descanso = crescimento" e explicamos como aplicá-la às atividades.

cria tempo e espaço para que você conheça a si mesmo, questione o tempo todo sua identidade (pois o "eu" sempre muda com o tempo) e adapte sua vida a novos contextos.

Um indivíduo com uma boa autoconsciência é capaz de separar a euforia intensa gerada pela busca das respectivas consequências no longo prazo. É o caso do atleta olímpico que opta pela aposentadoria para se dedicar à família, do artista que resolve aproveitar a vida fora do estúdio para produzir grandes obras quando voltar e do advogado que adota a regra inflexível de jantar com a família e comparecer aos eventos esportivos dos filhos. Não é fácil desenvolver esse tipo de autoconsciência. De forma paradoxal, como veremos no próximo capítulo, uma das melhores formas de fazer isso é sair mentalmente do "eu". Os psicólogos chamam essa prática de autodistanciamento, que inclui ações como simular o aconselhamento de um amigo, escrever um diário em terceira pessoa (e examinar as emoções que surgem durante a leitura), meditar e refletir sobre a própria finitude.

A prática da autoconsciência possibilita uma avaliação mais honesta dos arranjos típicos de uma vida apaixonada e sem equilíbrio. Além disso, a autoconsciência facilita a definição de períodos de descanso e recuperação, previne o *burnout* e orienta decisões inteligentes sobre como investir tempo e energia, diminuindo as chances de arrependimento pelo que foi feito ou não. Aponta quando sua identidade está vinculada demais a uma atividade e quando a falta de equilíbrio está ficando excessiva em certos períodos — ao escrever um livro, acompanhar os primeiros meses de um filho ou se preparar para a seletiva de uma equipe olímpica, por exemplo. Às vezes, quando analisamos determinado dia, semana, mês ou ano, não vemos nenhum equilíbrio. Mas, quando observamos o quadro geral da vida, aparece uma imagem bem mais equilibrada e plena. Esse é o melhor equilíbrio.

Aos 37 anos, Shalane Flanagan se tornou a primeira norte-americana a vencer a maratona de Nova York desde 1977. Flanagan é profundamente apaixonada pelo atletismo. No auge dos treinos, chega a correr mais de 190km por *semana*. Ela compreende que não pode ter uma vida equilibrada e não quer isso. "Gosto de me dedicar totalmente a um extremo por um tempo, e depois ir para outro extremo", disse ela, em uma entrevista recente com Brad para a revista *Outside*. "Para mim, isso significa correr todo dia e depois tirar férias para me dedicar à família e a outras atividades. É muito difícil — física e mentalmente — fazer tudo isso ao mesmo tempo."[10]

> A autoconsciência possibilita uma avaliação mais honesta dos arranjos típicos de uma vida apaixonada e sem equilíbrio.

Flanagan também sabe que sua carreira como atleta profissional não é para sempre. Em algum momento, desejará investir sua paixão em outras atividades (ou será forçada por seu corpo a fazer isso). Apesar de sua rotina intensa, Flanagan não abandonou por completo seus outros interesses, como cozinhar e escrever (recentemente, combinou essas duas aptidões e escreveu o livro de receitas *Run Fast. Eat Slow*, com Elyse Kopecky). Além disso, como Flanagan é uma referência na comunidade de atletismo, talvez atue como mentora ou treinadora no futuro. "Quero explorar meus limites nas corridas, ver até onde posso chegar — acho que tenho potencial para mais performances incríveis", diz. "Mas quando chegar a hora seguirei outro caminho." Será uma decisão difícil, mas Flanagan sabe disso e compreende que, no futuro, terá que escolher. Claro, a transição não será fácil, mas assim ela terá menos dificuldades.

PESSOAS COMO SHALANE FLANAGAN TÊM UMA BOA autoconsciência e sabem quando devem apostar tudo em algo e quando é hora de mudar. Estudos mostram que os indivíduos com forte autoconsciência tomam decisões melhores, mantêm bons relacionamentos, são mais criativos e têm carreiras mais gratificantes.[11] Outras pesquisas apontam que a autoconsciência está associada a uma melhora na saúde mental e no bem-estar.[12] Quando juntamos tudo isso, surge uma ideia interessante. Talvez uma vida boa não dependa da busca por um equilíbrio ilusório, mas da capacidade de seguir as paixões de forma plena e harmoniosa, com autoconsciência para avaliar os resultados desejados e fazer as alterações necessárias. Quando se trata de viver com paixão, a questão não é o equilíbrio. Mas combinar uma paixão intensa e harmoniosa com uma autoconsciência sólida. Como veremos a seguir, essa prática supera totalmente o poder do equilíbrio.

> *Combine uma paixão intensa e harmoniosa com uma autoconsciência sólida. Essa prática supera totalmente o poder do equilíbrio.*

A Prática da Paixão

- Esqueça todos os livros de autoajuda: a paixão e uma vida "equilibrada" são opostas;
- Uma vida desequilibrada oferece muitas vantagens. Pense nos momentos em que você se sentiu mais vivo e responda: Havia equilíbrio?
- O desequilíbrio só será nocivo se você deixar o fluxo da paixão avançar no piloto automático sem avaliar as escolhas;
- Não busque o equilíbrio. Desenvolva a autoconsciência para avaliar os arranjos que você estabeleceu em sua vida ao seguir a paixão.

7

A Autoconsciência e o Poder da Escolha

Entre 2000 e 2002, Siri Lindley dominou o triatlo. Nesse período, venceu 13 provas da Copa do Mundo e conquistou o campeonato mundial do esporte. No planeta inteiro não havia nenhuma mulher capaz de nadar, pedalar e correr como Lindley. Mas essa ascensão não aconteceu da noite para o dia. Foram necessários muitos anos de foco e uma paixão intensa.

Lindley descobriu o triatlo em 1993. Aos 24 anos, estava começando em seu primeiro emprego: diretora de atendimento ao público na filial do clube YMCA em Worcester, em Massachusetts. Lá conheceu um grupo de garotas que adoravam o triatlo, um esporte novo na época. Lindley logo se interessou pela atividade e, para dar apoio às novas amigas, acompanhou o grupo em uma corrida local. Ficou bastante intrigada com o desafio do triatlo: a necessidade de dominar três modalidades e desenvolver resistência suficiente para praticá-las em sequência. Lindley se lembra de assistir à corrida, da admiração que sentiu por suas amigas e da ideia de que *ela também poderia fazer aquilo*. Como inúmeros casos de pessoas que assistem a eventos de triatlo e resolvem praticar a modalidade, foi assim que Lindley começou a treinar.

Lindley iniciou seu treinamento com muita força de vontade, mas também com uma profunda dor emocional associada ao passado e ao presente. Seus pais se divorciaram quando ela era criança; o relacionamento dela com o pai biológico estava se deteriorando e a convivência com seu padrasto era problemática. Além dessas questões, Lindley tinha outra insegurança: à medida que se viciava no triatlo, percebeu que se sentia mais atraída por mulheres do que por homens. Saía com garotos e até se forçava a beijá-los, mas nada mudaria o que sentia. Lembre-se: esses eventos ocorreram há quase 30 anos; na época, a comunidade LGBT era vista com muita desconfiança e encarava mais desafios do que hoje. Portanto, Lindley tinha todos os fatores psicológicos que dão origem à forma mais intensa de paixão (veja o Capítulo 2).

Diferentemente de outros esportes, em que o excesso nos treinos costuma causar lesões, a diversidade do triatlo permite que o atleta se exercite furiosamente por muitas horas a cada semana com menos risco de se machucar. Foi isso que Lindley fez. Ela não tinha talento natural — mal conseguiu terminar sua primeira corrida e teve muitas dificuldades nas seguintes —, mas sua garra era excepcional.

De 1995 a 2002 Lindley respirou triatlo. Estava sempre nadando, pedalando ou correndo ou se recuperando da natação, do ciclismo e das corridas. Todas as decisões dela eram focadas no triatlo, como sua alimentação (uma dieta meticulosamente saudável) e seu local de residência (primeiro, em Boulder, no Colorado, a meca do triatlo; depois, em centros de treinamento pela Europa). Lindley levava uma existência solitária, quase monástica. A vida social dela se limitava aos atletas que participavam dos treinos e das corridas. Treinar. Comer. Dormir. Repetir. Lindley apostava tudo no triatlo. *Nada de equilíbrio.*

Embora a paixão de Lindley pelo triatlo fosse muito intensa, no geral era harmoniosa. Encarava o esporte com a mentalidade de domínio e experimentou perdas terríveis (como na vez em que se engasgou durante uma prova de qualificação e perdeu a oportunidade de participar das Olimpíadas) e enormes sucessos (quando ganhou o campeonato mundial, por exemplo). Mas nunca perdeu a motivação interna nem seu profundo amor pelo esporte. O foco de Lindley estava no processo; sua atitude era baseada na ideia de obter ganhos crônicos a partir das falhas e ser a melhor em melhorar — superar a si mesma, acima de tudo. Essa combinação eficaz de mentalidade de domínio e paixão harmoniosa só destaca o fato de que, no final da temporada de 2002, no auge da carreira e no topo do esporte, Lindley largou o triatlo. Parou. E, curiosamente, não se incomodou com essa decisão na época.

"Desconstruir meus medos e desenvolver autoconfiança me permitiu obter grandes conquistas no triatlo", escreveu Lindley em *Surfacing*, seu livro de memórias. "Mas eu não precisava mais do esporte para ter autoestima."[1] Lindley amava profundamente o triatlo, mas percebeu que: 1) sua paixão não era *de todo* harmoniosa e sua autoestima estava atrelada demais ao esporte; e 2) ela estava pronta para se afastar das cobranças pesadas das competições e seguir outro caminho. Lindley queria investir sua paixão em outras atividades e dedicar sua energia aos demais aspectos da vida. Embora tenha começado a praticar o triatlo para fugir de algumas partes do seu "eu", foi por meio do esporte que ela desenvolveu a confiança necessária para se expressar de modo mais autêntico. Um fator importante nesse afastamento, segundo Lindley, "foi aceitar a pessoa que eu era".

A classe e a sagacidade com que Lindley se afastou do triatlo são tão impressionantes quanto suas conquistas no esporte. Ela não foi forçada a parar; não se aposentou por causa da idade ou de uma lesão. Na verdade, o treinador Brett Sutton implorou para que Lindley voltasse e competisse pelo ouro olímpico em 2004. Quatro anos depois, em 2008, ele pediu *novamente*, pela mesma razão. Era evidente que Lindley ainda tinha muito potencial para o triatlo. Mas ela achava que poderia investir esse potencial em outras atividades. Lindley largou o triatlo porque percebeu que havia chegado a hora. Embora sua paixão pelo esporte fosse harmoniosa (ainda que não totalmente) e existisse a possibilidade de continuar por muitos anos, Lindley concluiu que, naquela fase da vida, estava fazendo sacrifícios demais pelo triatlo. Sua decisão não foi "boa" nem "ruim". Foi uma escolha pessoal cujo cálculo estava ligado ao momento. Mais importante: foi uma *opção deliberada*. Lindley não deixou sua vida avançar no piloto automático da paixão. Sua escolha exigiu uma profunda autoconsciência.

A AUTOCONSCIÊNCIA É A ÚNICA FORÇA CAPAZ DE SE contrapor ao fluxo intenso da paixão. Ela avalia criteriosamente suas paixões e evita arrependimentos daqui a 20 anos. O autor Ralph Ellison escreveu: "Quando descobrir quem sou, serei livre."[2] Os estudos mais recentes apontam que ele tinha razão. Os pesquisadores acreditam que, quando estamos imersos na paixão, ocorre uma falha na comunicação entre a região do cérebro que estimula a vontade (o corpo estriado) e a região que controla a vontade (o córtex pré-frontal). A única forma de recuperar essa conexão e retomar o controle da paixão é fazer uma reflexão profunda e introspectiva e desenvolver a autoconsciência. A autoconsciência possibilita uma avaliação honesta e objetiva da paixão e, se necessário, uma mudança de rumo ou diminuição do ritmo.

> A autoconsciência possibilita uma avaliação honesta e objetiva da paixão e, se necessário, uma mudança de rumo ou diminuição do ritmo.

É importante destacar que uma autoconsciência incisiva nem sempre produz um desprendimento como o de Lindley. Muitos dos maiores ícones da humanidade — como os melhores cientistas, médicos, artistas, atletas e empresários — praticam a autoconsciência, mas nunca deixam de seguir suas paixões. A autoconsciência traz a capacidade de avaliar de maneira constante a forma como seguimos as paixões. Cria o poder de escolher o momento de se afastar de uma paixão — ou de avançar com um ímpeto ainda maior. A paixão exige a falta de equilíbrio, mas não a perda do controle sobre a vida. A autoconsciência preserva esse controle.

> A autoconsciência traz a capacidade de avaliar de maneira constante a forma como seguimos as paixões. Cria o poder de escolher o momento de se afastar de uma paixão — ou de avançar com um ímpeto ainda maior.

CONHECE A TI MESMO

A autoconsciência estimula a capacidade de fazer avaliações precisas sobre suas convicções, valores, emoções e comportamentos, e sobre a forma como você expressa esses fatores em determinado contexto. Essa prática produz uma visão racional e clara da situação e de seu papel nela e evita que emoções poderosas dominem o contexto. Com ela, desenvolve-se o poder de definir o que é importante com base em suas ideias e valores centrais, e não em estados de intensa atividade neuroquímica. De certa maneira, a autoconsciência preserva seu controle sobre o próprio destino e impede ações automáticas, influenciadas pelo calor do momento.

Achamos que conhecemos muito bem a pessoa com quem mais convivemos — o "eu". Afinal, temos acesso privilegiado aos nossos pensamentos mais íntimos desde o início da vida. No entanto, uma pesquisa da Universidade de Washington, em St. Louis, apontou que nossos amigos, e em alguns casos até desconhecidos, nos conhecem melhor do que nós mesmos. No estudo, os pesquisadores aplicaram um questionário psicológico para avaliar personalidades e tendências, como ansiedade, inteligência e extroversão. Em seguida, os participantes fizeram uma avaliação de suas características pessoais, que coincidiam com as listadas no questionário. Os pesquisadores estavam interessados na capacidade de autoavaliação dos indivíduos, mas também queriam determinar a precisão das avaliações de observadores externos — amigos e desconhecidos. Em média, quando comparadas ao questionário, as avaliações dos amigos foram muito mais precisas do que as dos participantes. Para aspectos mais controversos, como a arrogância, até as avaliações dos desconhecidos, baseadas em alguns minutos de observação, foram mais precisas do que as dos participantes.³ Esses estudos não indicam que é impossível fazer uma boa autoavaliação. Algumas pessoas têm um bom autoconhecimento e fazem avaliações bastante precisas de si mesmas. Mas, para chegar a esse ponto, é necessário algum tempo de prática. Como na convivência com outra pessoa, você precisa se dedicar se quiser ter um bom relacionamento consigo mesmo.

Desenvolver uma visão clara a respeito de nós mesmos é muito desafiador, pois quase sempre as emoções confundem nossa percepção. Isso ocorre sobretudo quando abordamos coisas que gostamos e, claro, nossas paixões. Ficamos tão imersos na atividade em questão que fazer uma avaliação objetiva e honesta se torna quase impossível. Por isso, as pessoas que sofrem de transtornos de adaptação, principalmente os alimentares, não reconhecem que algo está errado. Esses indivíduos observam suas imagens no espelho e não identificam o problema. Não se alimentar não é necessariamente patológico, mas fazer uma autoavaliação incorreta e ser incapaz de perceber a realidade é. O exemplo é extremo, mas, como já vimos, uma pessoa que sofre de um vício terrível tem muito em comum com um atleta que busca uma medalha de ouro e um empreendedor dedicado a construir um negócio bilionário. Em todos os casos, uma forte carga emocional e neuroquímica pode tomar o controle e obscurecer a percepção da realidade. Talvez isso explique por que os distúrbios alimentares são tão comuns entre atletas profissionais, um fato já conhecido (e estudado) que veio à tona durante os Jogos Olímpicos de Inverno de 2018, quando o patinador Adam Rippon

> *Como na convivência com outra pessoa, você precisa se dedicar se quiser ter um bom relacionamento consigo mesmo.*

falou publicamente sobre sua batalha contra um transtorno alimentar.[4] É verdade que muitos atletas têm essas dificuldades porque acham que, se ficarem mais leves, terão um desempenho melhor. Mas a bioquímica neurológica e a personalidade — o foco obstinado na busca e a mentalidade de "custe o que custar" — também instigam esses problemas. A natureza da dedicação total a uma paixão (em detrimento de quase tudo) não é muito diferente da estrutura de um distúrbio alimentar.

Felizmente, há algumas táticas para desenvolver a autoconsciência e fazer avaliações mais precisas. Essas ações reforçam nosso controle sobre as paixões e orientam *escolhas* conscientes e ponderadas.

A Prática da Paixão

- O fluxo da paixão pode ser muito intenso;
- A melhor forma de se contrapor a esse fluxo é praticar a autoconsciência;
- A autoconsciência orienta suas *decisões* associadas à paixão; com ela, você preserva o controle sobre a busca e, portanto, sobre sua vida;
- Você deve achar que se conhece melhor do que ninguém, mas não é o caso. A autoconsciência não surge automaticamente. Sua prática exige dedicação e a adoção de táticas proativas.

AUTODISTANCIAMENTO

Rebecca Rusch é sem dúvida a melhor atleta de aventura do planeta. Já ganhou uma série de campeonatos mundiais de vários esportes, como rafting, mountain bike, esqui cross-country, e eventos importantes de orientação, um esporte no qual os participantes são deixados sozinhos no meio do nada (em geral à noite) e têm que voltar até um ponto determinado. Rusch já pedalou até o cume do Kilimanjaro. Ela é um ponto fora da curva em uma pequena comunidade de pessoas extraordinárias. Grande parte desse sucesso vem da capacidade de conservar sua autoconsciência em situações altamente estressantes.

Muitas aventuras de Rusch têm momentos angustiantes; no meio de uma rota de ciclismo de 300km, ela se perde ou fica sem comida no topo de uma montanha às 2h da manhã. Nessas situações, para criar um espaço entre seus pensamentos e sentimentos, Rusch finge que está dando conselhos a um amigo. Essa tática produz uma visão mais nítida e reforça o raciocínio lógico em meio ao estresse do momento. "Essa simulação", diz ela, "quase sempre me dá insights mais claros sobre o que fazer em uma situação complicada".[5] Mesmo que você nunca passe por experiências parecidas com as de Rusch, essa prática é valiosa. É uma ótima forma de desenvolver autoconsciência em qualquer situação em que haja risco de intenso fluxo emocional.

Em um estudo realizado na Universidade de Waterloo, no Canadá, o psicólogo Igor Grossmann dividiu 100 estudantes envolvidos em relacionamentos de longo prazo em dois grupos. Os membros do primeiro grupo foram orientados a imaginar, em cores vívidas, que haviam sido traídos por seus parceiros. O segundo grupo recebeu a mesma orientação, mas os membros tinham que imaginar que seus melhores amigos haviam sido traídos, não eles. Logo após o exercício, os dois grupos responderam a perguntas que avaliavam a capacidade dos estudantes de lidar com a situação de modo inteligente (por exemplo, analisando as perspectivas das pessoas envolvidas na situação, demonstrando disposição para fazer concessões e avaliando várias soluções). Os participantes que imaginaram o amigo traído tiveram uma pontuação bem maior em "raciocínio inteligente" e na avaliação precisa da questão.[6] Estudos parecidos apontam que, quando pensam e escrevem diários na terceira pessoa, as pessoas fazem avaliações melhores sobre elas e seus contextos.[7] (Por exemplo: "A startup de John está encarando desafios que parecem intransponíveis." Em vez de: "Minha startup está encarando desafios que parecem intransponíveis.")

As práticas de "autodistanciamento", como as já descritas, são métodos que afastam nosso "eu emocional" das situações mais estressantes, desenvolvendo uma visão mais ponderada e orientando decisões mais racionais. Segundo os psicólogos Özlem Ayduk e Ethan Kross, que estudaram os efeitos do autodistanciamento em vários contextos, essa prática "faz com que as pessoas *evoquem* menos os detalhes associados às sensações mais intensas das experiências (ou seja, o que aconteceu) e priorizem a *reformulação* dos dados em estruturas que promovem insights e uma sensação de encerramento. Essa mudança no conteúdo dos pensamentos sobre experiências passadas reduz os níveis de reatividade emocional."[8] Ou seja, quando nos afastamos da situação, adquirimos uma visão bem mais completa e holística, uma visão que combina raciocínio e sentimento e produz mais sabedoria.

Avalie constantemente suas paixões como se elas fossem de outra pessoa. O que você diria para esse indivíduo? Para continuar avançando ou para pisar no acelerador? Você diria, como fez a triatleta Siri Lindley, para ele deixar para lá, pois os custos da paixão estão ficando altos demais? A leitura deste livro é um exercício de autodistanciamento. Compreender melhor a paixão

— suas origens, causas e custos, como ela pode seguir pelo caminho errado, como pode ser harmoniosa — deve instigar o leitor a pensar sobre a melhor forma de conviver com ela.

O autodistanciamento abre caminho para a autoconsciência ao afastar o sujeito das situações e dele mesmo, ainda que em um nível mínimo. Estimula a região mais racional do cérebro a atuar nas circunstâncias mais intensas e apaixonadas. Mas, se o autodistanciamento nos afasta só um pouco do contexto, o que acontece quando nos afastamos *muito* da situação?

Avalie constantemente suas paixões como se elas fossem de outra pessoa. O que você diria para esse indivíduo? Para continuar avançando ou para pisar no acelerador? Você diria, como fez a triatleta Siri Lindley, para ele deixar para lá, pois os custos da paixão estão ficando altos demais?

PERSPECTIVA

Observando a Terra a uma distância de 300 mil quilômetros, os astronautas adquirem uma perspectiva totalmente distinta sobre o planeta. Seus relatos mencionam a descoberta de uma nova ideia (o "meu mundo", diferente de "o mundo") e uma mudança de visão sobre tudo, da passagem do tempo às conquistas pessoais. Desenvolvem insights e uma clareza que são quase inacessíveis na Terra. O astronauta Ron Garan, que já viajou mais de 100 milhões de quilômetros e deu 2.842 voltas em torno da Terra, chama esse fenômeno de "perspectiva orbital".[9] Para a comunidade científica, é o *overview effect* [efeito do panorama, em tradução livre], uma mudança cognitiva experimentada por alguns astronautas durante voos espaciais, sobretudo enquanto observavam a Terra.[10]

Porém, quando seguimos uma paixão, nossa perspectiva não é nada orbital. Ficamos completamente absortos. O mundo se contrai e o foco também. A visão, os pensamentos e os sentimentos são dominados pela atividade. Esse foco intenso nos permite obter conquistas incríveis, como ganhar campeonatos mundiais de triatlo, desenvolver curas para doenças e compor belas sinfonias. Além disso, adquirimos um tipo especial de Qualidade quando nos incorporamos à atividade, como vimos no Capítulo 5. Mas essa característica impede a visualização do quadro geral. Quando perdemos o senso de perspectiva — e só vemos a paixão —, também perdemos a capacidade de fazer escolhas. Imagine um peixe que só conhece a vida subaquática. Parece um clichê, mas é verdade. Quando nos dedicamos por completo a algo, para o bem ou para o mal, a paixão domina o contexto. Então, para evitar a tendência de seguir no piloto automático da paixão e recuperar um nível mínimo de comando sobre a forma como investimos nosso tempo, atenção e energia — ou seja, como vivemos —, temos que recalibrar nossas perspectivas.

Infelizmente, se não houver inovações tecnológicas drásticas, poucos leitores desta obra terão a oportunidade de viajar para o espaço. Mas há outras maneiras de ampliar nossa visão. Pesquisas sugerem que não é o ato de observar a Terra a partir de um ponto no espaço que produz a perspectiva orbital, mas o incrível fascínio associado a esse fenômeno. Felizmente, podemos sentir esse fascínio e desenvolver nossa perspectiva sem sair da Terra.

Dacher Keltner, professor de psicologia da Universidade da California, em Berkeley, define o fascínio como a admiração que sentimos "diante de algo vasto, que transcende nossa compreensão do mundo".[11] No entanto, segundo Keltner, não precisamos observar a Terra da lua nem caminhar pelo Grand Canyon para sentir isso. De fato, ele descobriu várias experiências bastante acessíveis que inspiram fascínio na maioria das pessoas.[12]

> *Quando perdemos o senso de perspectiva — e só vemos a paixão —, também perdemos a capacidade de fazer escolhas.*

- Conhecer paisagens exuberantes a fundo;*
- Contemplar o pôr do sol, as estrelas e a lua cheia;
- Apreciar obras artísticas;
- Ouvir peças musicais interessantes;
- Procurar expressões atípicas de generosidade (por exemplo, atuar como voluntário em um abrigo para pessoas sem-teto por um dia);
- Observar um profissional empregando sua habilidade extraordinária (por exemplo, assistir a um jogo de basquete com LeBron James ou a um espetáculo com Bette Midler na Broadway).

Esses exemplos são vias de acesso a fenômenos que não encontramos na vida cotidiana. São experiências fascinantes que estimulam reflexões sobre o tempo, o espaço e a beleza. As obras que nos comovem reformulam nossa perspectiva. Depois de experiências inspiradoras como essas, passamos a situar nosso "eu" e nossas atividades em um contexto bem maior. Mesmo que por

---

* Quem já leu o livro ou assistiu ao filme *Livre* conhece a mudança de perspectiva vivenciada pela autora Cheryl Strayed quando ouviu sua mãe e "começou a trilhar o caminho da beleza [natural]". Se você não conhece essa obra, recomendamos que leia o livro e/ou assista ao filme. É um ótimo exemplo de como passar um tempo na natureza pode ajudar uma pessoa a desenvolver sua perspectiva e uma autoconsciência aguçada.

um breve momento, o fascínio nos leva a perceber que há muitas coisas além de nossas vidas e paixões. "Uma visão panorâmica do tempo", escreve a autora Krista Tippett no belo livro *Becoming Wise*, "pode revitalizar nossa autoidentificação e a forma como vemos o mundo".[13]

Como ocorre no autodistanciamento, quando vivemos uma experiência fascinante, além da expansão da perspectiva, também obtemos mais clareza e objetividade para avaliar nosso "verdadeiro eu" — que está dentro de nós e não depende das paixões — e a maneira como investimos nosso tempo e nossa energia. No geral, não temos essa clareza quando estamos focados por completo na paixão.

Infelizmente, embora a ciência esteja demonstrando o grande valor do fascínio, a cultura atribui cada vez menos importância às experiências fascinantes. Logo, temos que buscar ativamente esse sentimento. Segundo Dacher Keltner:

> Os adultos estão passando cada vez mais tempo no trabalho e nos deslocamentos e menos tempo ao ar livre e com outras pessoas. Muitas vezes, fixamos nosso olhar na tela dos smartphones em vez de observar as maravilhas do mundo natural e contemplar atos de generosidade, que também despertam fascínio. O público dos eventos artísticos — música ao vivo, teatros, museus e galerias — diminuiu nos últimos anos. As crianças também passam por dificuldades: nas escolas, os programas de artes e música estão sendo eliminados; itens de formação de currículo vêm substituindo as atividades ao ar livre e a exploração não estruturada. Por outro lado, a cultura está mais *individualista*, mais *narcisista*, mais *materialista* e *menos interpessoal*... Não subestime o poder dos arrepios — procure ativamente por experiências que estimulem seu desejo pelo fascínio: contemple as

árvores do seu bairro, aprecie uma peça musical complexa, observe os efeitos do vento na água, admire alguém que supera adversidades e acompanhe a nobreza cotidiana das pessoas.[14]

Não há nada melhor do que caminhar por um bosque de sequoias e contemplar a vista do topo de uma montanha para nos lembrarmos como somos pequenos e como o mundo é grande. Quando vivenciamos o fascínio, ampliamos nossa perspectiva e tomamos decisões mais conscientes e inteligentes sobre a forma como investimos nossa energia, seguimos nossas paixões e fazemos nossas escolhas importantes. Embora os estudos recentes acerca do poder do autodistanciamento e do fascínio sejam impressionantes, os sábios já conheciam essas características há séculos. Cerca de 2 mil anos atrás, o filósofo estoico Sêneca recomendou que as pessoas "desenhassem na mente o vasto abismo do tempo e o universo como um todo e depois comparassem a tão chamada vida humana com o infinito".[15] Seguir essa orientação é sinônimo de inteligência.

> Quando vivenciamos o fascínio, ampliamos nossa perspectiva e tomamos decisões mais conscientes e inteligentes sobre a forma como investimos nossa energia, seguimos nossas paixões e fazemos nossas escolhas importantes.

MEDITAÇÃO

Outra maneira de criar um espaço entre você e seus pensamentos (e os sentimentos incrustados neles) é a meditação, em especial a variedade conhecida como *mindfulness*. Essa técnica consiste em sentar-se (ou deitar-se) e manter o foco na respiração. Quando surgirem pensamentos e sensações, reconheça a presença deles sem emitir juízos — como se eles fossem nuvens passando pelo céu — e redirecione o foco para a respiração. O *mindfulness* é simples e ao mesmo tempo difícil.

O erro mais comum é achar que o intuito da técnica *mindfulness* é atingir um estado de relaxamento, zen. Isso é possível, e a maioria das pessoas tem experiências bastante agradáveis, mas não é o objetivo principal da meditação. A meta é apenas sentar e manter o foco na respiração, deixando os pensamentos e sensações surgirem e desaparecerem, observando seu fluxo e experimentando tudo sem julgar nada.

Porém, com uma prática regular — o ideal seria 20 minutos por dia ou mais**—, depois de um mês (ou de alguns meses), algo interessante ocorre: você percebe uma dissociação entre seus pensamentos e sensações e o "eu". Surge um poder de observação mais profundo e inteligente — que os instrutores de meditação chamam de percepção — e uma distância entre esse aspecto e as demais criações de sua mente. Essa percepção gera ótimas experiências.

Há outra forma de encarar a técnica *mindfulness*: imagine a diferença entre atuar em um filme de ação frenético e *assistir* a um filme de ação frenético. No primeiro caso, você está envolvido na história e tem que reagir o tempo todo diante dos eventos, sem tempo nem espaço para analisar essa dinâmica. Ação. Ação. Ação. No outro caso, embora o ritmo do filme seja muito intenso e às vezes prenda sua atenção, você se sente um pouco mais seguro e pode agir com mais inteligência, pois sabe que

---

** Para saber mais sobre a meditação, leia nosso livro *Peak Performance*. Se quiser ir mais longe, leia *Viver, a Catástrofe Total* e *Aonde Quer Que Você Vá, É Você Que Está Lá*, de Jon Kabat-Zinn, e *Atenção Plena em Linguagem Simples*, de Bhante Gunaratana.

está apenas assistindo. Ao meditar, cultivamos essa capacidade de sair do filme — ou seja, do fluxo incessante de pensamentos e sensações na cabeça e no corpo — e assistir a tudo de longe. Essa habilidade de se distanciar permite que você saia dos ciclos e faça *escolhas* deliberadas e até inteligentes, sem se deixar levar pela tendência do piloto automático.

Segundo Jon Kabat-Zinn, um grande especialista em meditação, a técnica *mindfulness* cria condições para que você "determine com clareza seu caminho atual e a direção que está seguindo. Dessa forma, poderá traçar uma rota mais fiel ao seu eu interior — o caminho da alma, o caminho do coração, um caminho com C maiúsculo".[16]

HÁ UMA ÚLTIMA ALTERNATIVA PARA EXPANDIR A perspectiva e talvez essa opção seja bem mais eficaz do que as táticas já mencionadas: pensar sobre a morte. Refletir a respeito do fim iminente destaca o fato de que nosso tempo é finito e direciona nosso foco para as metas que de fato importam. Às vezes, a vida impõe essa reflexão. Em 2015, quando Brad tinha 29 anos, seu grande amigo Jim,*** aos 28 anos na época, foi diagnosticado com linfoma em estágio IV. Brad ficou muito abalado. Ele já acompanhara a morte de outras pessoas próximas, mas todas bem mais velhas. A probabilidade terrivelmente alta de Jim morrer não só entristecia profundamente Brad como o forçava a lidar com sua própria mortalidade, como nunca ocorrera até então. (Imagine como Jim se sentia.) Nesse período, Brad concluiu que devia escrever todos os dias. A escrita era sua atividade favorita; quando passava o dia inteiro escrevendo, sentia-se ótimo. Brad

---
*** O nome do amigo de Brad foi alterado para proteger sua privacidade.

promoveu mudanças expressivas em sua vida para dedicar mais tempo à escrita: reduziu bastante sua jornada de trabalho como consultor (e transformou um emprego de período integral, com alto potencial de promoções, em um trabalho de meio período) e cortou muitos "hobbies" irrelevantes. Ao refletir constantemente sobre a própria mortalidade, Brad conseguiu direcionar seu foco para os aspectos mais importantes. (Felizmente, Jim sobreviveu ao câncer e recebeu um bom prognóstico. Ele casou enquanto escrevíamos este livro.)

Em algum momento, todos passarão por experiências que inspiram reflexões sobre a finitude. Mas não fique esperando por essas ocasiões. Pense nesse tema regularmente. Muitos não gostam de pensar na morte porque se sentem desconfortáveis, mas recomendamos que você faça isso com frequência. Refletir a respeito da finitude é um dos principais métodos para levar uma vida mais autêntica.

O ensinamento budista das Cinco Lembranças é uma boa prática para desenvolver sua perspectiva a partir da reflexão sobre a morte. Uma vez por semana (quando estiver voltando para casa na sexta-feira à tarde, por exemplo), tire cinco minutos para refletir sobre estes pontos:

1. Envelhecer é próprio da natureza;
2. Ter problemas de saúde é próprio da natureza;
3. Morrer é próprio da natureza;
4. Mudar é próprio da natureza de tudo que apreciamos;
5. Suas ações são suas únicas posses; são os fundamentos de sua existência.

Essa reflexão pode ser desconfortável, mas tem um poder imenso. Oferece boas orientações para que você faça escolhas inteligentes acerca da forma como investe sua energia, lembrando sempre que o tempo é finito e também o recurso mais valioso de todos. Há outra forma de encarar essa prática: é melhor dormirmos todas as noites satisfeitos com o que fizemos durante o dia, como se não fôssemos acordar na manhã seguinte. (Bom, ninguém sabe ao certo se vai mesmo.) Como você quer ser lembrado? Qual será sua contribuição para o mundo?

Além das Cinco Lembranças, você também pode ler obras que exploram o tema da mortalidade.**** É bom destacar que o custo (em desconforto) dessa reflexão é alto. Mas o custo de não fazê-la (e *chegar à conclusão* terrível de que você não levou uma vida autêntica) é bem maior. Sêneca apontou que é muito fácil seguir a correnteza e viver sem pensar na única verdade consistente da existência: o tempo está sempre acabando. "A vida não fará nenhum esforço para lembrá-lo de sua brevidade; de fato, ela sempre corre silenciosamente", escreve o filósofo na obra *Sobre a Brevidade da Vida*. "E o que acontece? Você se desespera com a velocidade da vida. E, quando a morte chega, nenhuma escolha pode afastá-lo desse momento."[17] Muitos séculos depois, no livro de memórias em que relata sua experiência com o câncer, a poetisa Nina Riggs escreveu que "viver com uma doença terminal é como andar na corda bamba sobre um abismo terrivelmente assustador. Porém, viver sem nenhuma doença terminal também é como andar na corda bamba sobre um abismo terrivelmente assustador, mas a neblina e as nuvens ocultam um pouco as profundezas."[18]

> *Refletir a respeito da finitude é um dos principais métodos para levar uma vida mais autêntica.*

**** Três recomendações são os livros *O Último Sopro de Vida*, de Paul Kalanithi, *The Bright Hour*, de Nina Riggs, e *Death*, de Todd May.

Compreender que o "eu" não ficará aqui para sempre aumenta nossa autoconsciência e direciona nosso foco para os aspectos mais importantes da vida. Somos só uma partícula de poeira passando pelo universo. Lembrar-se disso é a melhor forma de visualizar o panorama das situações.

O INÍCIO DESTE CAPÍTULO, ARGUMENTAMOS QUE, para aproveitar o melhor tipo de paixão ao longo da vida, é necessário desenvolver a autoconsciência. Quando se está absorto em uma paixão, em geral a capacidade de ver além dela se deteriora. Logo, desaparece o poder de *escolher* a forma como seu tempo e energia serão investidos. A paixão assume o controle. Então, para evitar esse fluxo intenso, você deve cultivar a autoconsciência. Mas, ironicamente, temos que nos afastar do "eu" para fazer isso. A prática regular do autodistanciamento (analisando a situação pelo ângulo de um amigo, pensando/escrevendo um diário em terceira pessoa) e a ampliação da perspectiva (vivenciando o fascínio, meditando e refletindo sobre a mortalidade) são as duas vias mais eficazes para preservar a autoconsciência e a capacidade de escolha em meio a uma paixão.

Lembre-se: não existem escolhas "certas" e as opções que fazemos mudam com o tempo.***** Muitas vezes, a opção é prosseguir com nossa dedicação total a uma paixão. Se essa escolha for consciente, a decisão será sua responsabilidade e pode gerar excelentes resultados. Poucas coisas são tão animadoras quanto seguir uma paixão harmoniosa. Mas e se perceber que chegou o momento de

---

***** Estudos apontam que, com o tempo, as pessoas costumam tirar o foco das atividades e priorizar suas famílias e amigos de longa data.

mudar de rumo, de se aposentar, como a triatleta Siri Lindley? E se, no caso de uma paixão física, seu corpo tomar essa decisão por você? E se o seu empregador ou sua profissão tomar a decisão? Pior ainda, no caso de uma paixão romântica, e se a pessoa amada morrer? Como podemos nos desligar de uma paixão com inteligência? Abordaremos esse ponto a seguir, no Capítulo 8.

A Prática da Paixão

- Uma das melhores maneiras de desenvolver a autoconsciência necessária para aproveitar uma paixão produtiva é sair do "eu":
    — Imagine que um amigo está na mesma situação e dê orientações para ele;
    — Monte um diário com descrições, em terceira pessoa, de suas decisões mais importantes e depois reflita sobre o texto e seus sentimentos durante a escrita.
- Outra forma de desenvolver a autoconsciência é a prática regular de ações que ampliem sua perspectiva.
    — Procure e viva experiências fascinantes sempre que possível:
        › Conheça paisagens exuberantes a fundo;
        › Contemple o pôr do sol, as estrelas e a lua cheia;
        › Aprecie obras artísticas;
        › Ouça obras musicais interessantes;
        › Procure expressões atípicas de generosidade;
        › Observe um profissional empregando sua habilidade extraordinária.
- Pratique a meditação;
- Estude a mortalidade: pense sobre sua finitude; evoque as Cinco Lembranças e leia obras a respeito da morte;
- Desenvolver a autoconsciência é importante porque possibilita a avaliação dos arranjos típicos de uma vida apaixonada e a escolha da forma como a paixão será canalizada.

8

Virando a Página
Como se Desligar de uma Paixão com Inteligência

Quando escolhemos ou somos forçados a nos desligar do objeto da paixão, essa situação pode ser um dos desafios mais difíceis da vida. Embora seja recomendável separar sua identidade das conquistas e da validação externa, é quase impossível manter a identidade separada das paixões. Como vimos no Capítulo 5, quando adotamos a mentalidade de domínio, incorporamos a atividade à nossa identidade. Passamos a ser escritores, corredores e companheiros, em vez de apenas gostar da escrita, das corridas e de alguém. Então, como podemos nos desligar da paixão sem esquecer quem somos?

Não é fácil. Quando se desligam das paixões, muitos (mesmo os que optam por esse caminho) começam a sofrer de depressão e vícios destrutivos, como drogas, bebida e apostas. Isso ocorre com pessoas que perdem seus parceiros, atletas olímpicos que precisam se aposentar e artistas que fecham suas galerias. Eles vão de mal a pior. Portanto, devemos lidar não só com a perda de grande parte de nossa identidade (quem somos), mas com o desaparecimento do ponto focal de um desejo intenso — que, como já vimos, é causado por fatores biológicos e psicológicos bem difíceis de mudar. O desligamento cria um vazio.

PARA ABBY WAMBACH, A MAIOR JOGADORA DE TODOS os tempos nos EUA, o futebol era muito mais do que um jogo: era uma válvula de escape para sua raiva e sua insegurança. Wambach tem cinco irmãos e precisava brigar constantemente pela atenção dos pais quando era criança. Além disso, Wambach é gay e, como ocorre com muitos homossexuais (como no caso de Siri Lindley, que vimos no capítulo anterior), sempre questionava se seria aceita por seu círculo social. Na adolescência, a identidade dela era bem frágil. Mas havia o esporte. "A sensação de ser uma atleta", escreveu ela no livro de memórias *Forward*, "é sua única identidade autêntica, um todo muito maior do que as partes isoladas".[1] Como Lindley no triatlo, Wambach mergulhou de cabeça no futebol.

Mas, aos 35 anos, o corpo de Wambach já não tinha o mesmo potencial. Como outros grandes atletas nessa idade, não conseguia mais lidar com as lesões e condições crônicas que antes eram administráveis e precisou se afastar do esporte que amava. Wambach teve grandes dificuldades para largar a atividade, que era sua razão de viver. Teve problemas com jogos de azar, bebida e substâncias químicas. "Os analgésicos que eu tomava para poder jogar se tornaram indispensáveis para viver", admite Wambach.

"A aposentadoria não é um passeio no parque... Quase ninguém fala sobre as transições, esses momentos difíceis da vida."[2] Um detalhe fascinante: a história de Wambach é muito parecida com a do nadador olímpico Michael Phelps, seu contemporâneo. Phelps também teve uma infância difícil e passou por episódios destrutivos com apostas, bebida e substâncias químicas quando tentou se aposentar da natação. Isso não surpreende. Muitas vezes, quando a estabilidade de sua identidade e a estrutura de sua vida desaparecem ao mesmo tempo, o caos se instala.

Por outro lado, nem todos que se desligam de uma paixão passam por tanto sofrimento assim. Alguns mudam de rumo de forma bem mais positiva. Claro, eles sentem falta e às vezes até desejam retomar a paixão. Porém, não ficam *obcecados* por esse desejo.

Vejamos a história de Chris Lukezic, um guru do marketing. Imagine que você é um dos melhores profissionais do mundo em uma área e viaja pelo planeta em busca de glória na atividade que ama desde a adolescência — e ainda é pago para fazer isso. Esse era o caso de Lukezic no início de sua carreira como atleta profissional, quando conquistou o sétimo lugar no Campeonato Mundial de Atletismo em Pista Coberta. Porém, pouco depois dessa ótima performance, no auge da forma física, ele anunciou sua aposentadoria, aos 26 anos.

> *Quando a estabilidade de sua identidade e a estrutura de sua vida desaparecem ao mesmo tempo, o caos se instala.*

A decisão impactou a comunidade do atletismo. Por que um atleta tão jovem, saudável e com patrocinadores queria se aposentar? Era excesso de treinamento ou *burnout*?

Muito pelo contrário: só estava trilhando o caminho que o levara ao esporte uma década antes e praticando algo que já abordamos neste livro. Lukezic estava apenas seguindo seus interesses. Ele lembra: "Meu coração sempre abrigou um milhão de impulsos. Correr nunca foi meu único interesse, mas foi o único que segui. Me dediquei totalmente ao esporte." Quando optou por mudar, Lukezic não estava frustrado, mas satisfeito com sua dedicação ao atletismo. No entanto, ele queria investir a mesma energia em um novo desafio.

> As pessoas que se desligam das paixões de modo produtivo assumem a responsabilidade pela elaboração das suas histórias.

Claro, Lukezic sentia falta de correr, porém, no fundo, sabia que chegara a hora de mudar. Na época, ele disse ao site especializado Letsrun.com: "As faixas ovais das pistas europeias são como as curvas das modelos que desejamos na adolescência. Em algum momento, você cai na real e percebe que a Cindy Crawford é 20 anos mais velha; quando você estiver pronto para casar, ela já vai ter quase 50 anos. Meus desejos mudaram."

Dois meses antes de encerrar a carreira, Lukezic enviou uma carta apaixonada para uma startup com a qual estava empolgado. A empresa atuava na área que, então, era seu interesse mais recente: viagens. Abordando seu entusiasmo e o desejo de fazer parte daquela jovem equipe, Lukezic escreveu: "A empresa nos ajudará a repensar o conceito de comunidade nos contextos virtual, local e global… Ela injeta experiência humana no processo das viagens."

Quando anunciou sua aposentadoria em um fórum de atletas bastante popular, Lukezic foi ridicularizado por memes anônimos com a seguinte inscrição: "Jogar tudo fora por causa de uma empresa que tem um site estilo 1995 parece uma escolha ruim."

Felizmente, Lukezic não deu ouvido às críticas. Seguiu seu interesse e tomou a decisão, desvinculando sua identidade das corridas e investindo toda sua motivação e determinação em outras paixões. Em 2009, ele iniciou um novo capítulo em sua história e se tornou o sexto funcionário do Airbnb.

ESCREVA SUA HISTÓRIA

As pessoas que, como Lukezic, se desligam das paixões de modo produtivo assumem a responsabilidade por elaborar suas histórias. A narrativa interna (a história que você conta a si mesmo) influencia a forma como vemos, compreendemos e navegamos pelo mundo. Aprender a elaborar essa história é essencial para se desligar de uma paixão com inteligência.

Na década de 1960, o neuropsicólogo Roger Sperry, ganhador do Prêmio Nobel, começou a estudar indivíduos que, para lidar com casos graves de epilepsia, foram submetidos a incisões no corpo caloso (um tratamento popular na época). O corpo caloso é uma faixa de fibras nervosas que liga os dois hemisférios do cérebro. Serve como ponte de comunicação entre o lado esquerdo do cérebro, mais analítico e lógico, e o lado direito, mais criativo e emotivo. Quando uma incisão divide o corpo caloso, a comunicação entre os hemisférios cessa.

Sperry exibia comandos (por exemplo, "caminhar", "desenhar", "sentar") para os lados direito e esquerdo do campo visual de um sujeito. No sistema nervoso normal, o que vemos à esquerda é captado pelo lado direito do cérebro, e o que vemos à direita é captado pelo lado esquerdo do cérebro. Quando Sperry mostrava um comando no lado esquerdo do campo visual (para ser captado pelo lado direito do cérebro), os sujeitos executavam o comando (andavam, desenhavam e sentavam), mas não entendiam por quê. Isso ocorria porque o lado direito do cérebro não tem a capacidade de explicar nem de racionalizar. Essa estrutura só comanda ações e percebe emoções.

Um detalhe fascinante: os sujeitos sempre criavam uma história para explicar a ação. Por exemplo, quando Sperry mostrava o comando "andar", eles diziam que precisavam esticar as pernas, beber água ou que estavam sendo pressionados pelos companheiros para se exercitarem mais. Ou seja, embora não tivessem a mínima ideia, inventavam uma história para justificar a ação. (Se soubessem por que andavam, teriam mencionado o cartão de Sperry com o comando!) Em estudos posteriores, o mesmo efeito foi observado com relação aos estados emocionais. Quando uma imagem trágica aparecia no lado esquerdo do campo visual (para ser captada pelo lado direito do cérebro), os sujeitos inventavam todo tipo de história para explicar sua tristeza. A pesquisa de Sperry demonstrou que as narrativas nos são fundamentais. Não fazemos nem sentimos nada sem elaborar uma narrativa. Esta é uma das características da espécie humana: somos programados para criar histórias que dão sentido às nossas vidas. Sem isso, nos sentimos perdidos.[3]

Agora, 60 anos depois da incrível pesquisa de Sperry, estamos começando a compreender que essas histórias não apenas descrevem ações e sentimentos após os fatos, mas influenciam ações e sentimentos antes e durante os eventos. Carol Dweck, professora de psicologia da Stanford University, descobriu que as alterações nas narrativas internas dos alunos sobre conquistas e fracassos influenciam o desempenho acadêmico deles. Quando os alunos trocam sua história "fixa" ("nasci com um certo nível de inteligência e não posso mudar isso") por uma história de "crescimento" ("o cérebro pode crescer e, com prática, dedicação e tempo, ficar mais inteligente"), sua disciplina, seu foco e suas notas melhoram. Ou seja, quando a história muda, eles mudam com ela.[4]

Outras pesquisas apontam que as narrativas pessoais têm um papel importante na resiliência. Em um estudo realizado em 2015 pelo Departamento de Psiquiatria e Centro de Estudos da Depressão da Universidade de Michigan, os pesquisadores examinaram os companheiros de militares enviados para zonas de guerra. No início do estudo, muitos tinham narrativas internas dominadas por pensamentos negativos, como desamparo, impotência e isolamento. Esses indivíduos também apresentavam altos índices de depressão. Durante dois meses, receberam orientações para alterar suas histórias negativas e incluir atributos mais positivos (por exemplo, esperança, autoestima e apoio). Um mês após essa intervenção, os sujeitos que haviam editado suas narrativas relataram menos sintomas de depressão, níveis mais altos de conexão social e uma maior satisfação.[5] Nada havia se alterado no status dos militares. As mudanças ocorreram nas histórias que essas pessoas contavam a si mesmas. Para Vincent Harding, um líder do movimento pelos direitos civis que trabalhou com Martin Luther King Jr. na formulação do conceito de protesto não violento, "há algo no fundo de nós que precisa de histórias... Só nos tornamos seres humanos quando temos histórias".[6]

> *Esta é uma das características da espécie humana: somos programados para criar histórias que dão sentido a nossas vidas. Sem isso, nos sentimos perdidos.*

Quando chegar a hora de mudar, assuma o controle de sua história. Elabore uma narrativa que não defina a paixão como a única fonte de satisfação e identidade em sua vida. Mas não tente esquecer completamente a paixão, muito pelo contrário. Reconheça e aceite a forma como a paixão mudou sua vida e, em seguida, incorpore construtivamente essas ideias em uma história sem fim, com muitos capítulos pela frente. A palavra-chave é *construtivamente*. Como no caso dos companheiros de militares, não insista no lado negativo: em tudo que foi perdido com a perda da paixão. Concentre-se nos aspectos positivos: em tudo que ganhou com a paixão; nos fatores que alimentavam esse desejo (e que agora podem ser direcionados para outro ponto) e no longo futuro à sua frente. Os exemplos a seguir são bastante simplificados, mas destacam as diferenças entre essas abordagens:

- "Meu tempo como atleta profissional acabou e nunca fiz outra coisa. O que vou fazer agora?"

- "Desenvolvi no esporte uma forte competitividade e aprendi a me sentir à vontade em meio ao desconforto. Posso usar esses dois recursos trabalhando em uma startup ou como treinador."

- "Minha esposa faleceu após um casamento de 40 anos. Como posso continuar? Por que viver? Minha vida acabou."

- "Estou profundamente triste pela perda, mas contente com as memórias que criamos juntos. Meus amigos e familiares me apoiarão nesse período e continuarão me amando. Na verdade, minha esposa ainda vive nessas pessoas."

- "Minha empresa faliu e nunca mais vou conseguir captar recursos para tentar de novo. O trabalho que dava sentido à minha vida acabou."
- "Minha empresa faliu, mas aprendi muitas lições valiosas. Posso aplicar esse conhecimento em todas as áreas da vida. Encaro esse momento como uma oportunidade para reavaliar minhas metas e passar mais tempo com a esposa e os filhos."

Mas lembre-se: não estamos incentivando fantasias nem invenções. Uma visão otimista demais é nociva para a felicidade e a saúde no longo prazo. Ao perdermos uma paixão, *deveríamos* sentir dor e frustração. Mas recomendamos a escolha racional de fixar na memória, por meio de uma narrativa, os aspectos mais positivos da paixão, que poderão ser novamente desenvolvidos no futuro. Essa prática não apenas aumenta o bem-estar no curto prazo como (e mais importante) orienta a busca por atividades complementares que serão gratificantes no longo prazo.

Quando chegar a hora de mudar, assuma o controle de sua história. Elabore uma narrativa que não defina a paixão como a única fonte de satisfação e identidade em sua vida.

Como vimos no caso dos alunos, é muito eficaz trocar uma história fixa e negativa por outra mais positiva, flexível e voltada para o futuro. Dessa forma, ficamos mais abertos ao mundo e mais receptivos a outras atividades que nos trarão mais alegria e satisfação. Além disso, identificamos os elementos que mais amamos na paixão, as habilidades que desenvolvemos e as novas experiências de que precisamos. Juntos, esses insights nos auxiliam a encontrar a atividade que preencherá a próxima etapa da nossa vida. De certa maneira, não nos desligamos de uma paixão. Estamos avançando para a próxima.

Muitos métodos são empregados para ajudar as pessoas a se desligarem das paixões — terapia do luto, cursos de "transição" para atletas que se afastam de modalidades olímpicas e conselhos informais de amigos. Infelizmente, por mais que sejam bem-intencionados, a maioria desses procedimentos consiste em dar *ordens* para as pessoas. (Por exemplo: "encontre um emprego imediatamente", "comece a trabalhar como voluntário", "viaje" e "saia com seus amigos".) Porém, nós, os autores, acreditamos que orientar os indivíduos a criar *suas* histórias, únicas e voltadas para o futuro, é um método bem mais eficaz, sobretudo em um ambiente/comunidade receptivo.

Quando nos desligamos de uma paixão, pensamos em preencher o vazio rapidamente com algo ou alguém. Mas em geral é melhor tirar um tempo para refletir sobre o que mais amamos na paixão, o que mais sentiremos falta e como será nossa história — a narrativa da nossa vida — dali para frente. Esses períodos intermediários são repletos de incertezas, e muitas vezes desconfortáveis. Mas são fronteiras essenciais, oportunidades para a introspecção e a projeção do futuro. Aproveite esse tempo para fazer uma autoavaliação. Assim, quando os programas de transição terminarem e seus maravilhosos amigos/conselheiros voltarem a cuidar das próprias vidas, você terá um guia interno construtivo e não se sentirá perdido.

DEPOIS DE PASSAR POR UM PERÍODO MUITO DIFÍCIL E até mesmo ser presa por dirigir alcoolizada, Wambach percebeu que estava perdida e precisava recuperar o controle sobre sua história. Sua vida dependia disso. Em *Forward*, ela cita uma metáfora descrita por um amigo para expressar a dificuldade das transições e da aposentadoria. "Os trapezistas são incríveis em muitos aspectos", disse o amigo de Wambach. "Ficam pendurados em uma barra por um longo tempo, porém, para pegar na outra barra, precisam se soltar no ar. Eles são brilhantes, belos, corajosos e fortes porque executam acrobacias entre as barras. É no meio do caminho que está a mágica deles. É preciso ter coragem para largar a primeira barra e criar sua mágica no ar."[7]

Wambach ainda está criando sua mágica e vem progredindo. Em suas memórias, ela conta uma história recente, ocorrida durante suas férias na França. Lá, ela foi abordada por uma mulher, que perguntou: "Você é Abby Wambach? A jogadora de futebol?" *Estou na França!*, pensou Wambach. *É alguma brincadeira?* Wambach sentiu uma "leve massagem" no ego ao reconhecer que, sim, ela era a jogadora de futebol, mas logo fez uma correção mental, tanto para si quanto para a mulher. *Não sou mais uma jogadora*, pensou. No entanto, Wambach subitamente percebeu que talvez a mulher tivesse razão. "Não jogo mais futebol", escreveu. "Mas o esporte sempre estará em mim, um vestígio essencial do meu passado. Não posso negar esse ângulo como não posso negar os outros adjetivos que formulei para mim: fraude, rebelde, esposa, defensora, viciada, fracassada, humana — todos. Eles sempre estarão lá, incrustados na minha psique, enquanto abro espaço para novos rótulos, que ainda descobrirei e formularei para mim."[8]

A HISTÓRIA DE WAMBACH LEMBRA A DE UM DOS autores. Desde os 14 anos, Steve se identificava como corredor. Não só porque corria, mas porque era conhecido por todos como um corredor. Toda sua vida, interior e exterior, estava vinculada ao esporte, principalmente porque ele era um atleta muito bom. Esse vínculo entre esporte e identidade se intensificou ainda mais quando, aos 18 anos, Steve correu 1 milha — equivalente a 1,6km — em 4 minutos e 1 segundo. Na época, foi a 6ª melhor marca na história do atletismo estudantil dos Estados Unidos. Aqueles 241 segundos pareciam indicar que Steve havia selado seu destino como corredor. Durante um bom tempo, esse pensamento não foi um problema. Na verdade, Steve adorava pensar na conquista e na atenção recebida após um período intenso de dedicação total. Mas à medida que sua carreira se desenvolvia, ele não conseguia superar aqueles primeiros indícios de talento e sua identidade como corredor se tornou um peso.

Por vários anos, a todo lugar que ia Steve sempre era apresentado como o corredor ou o cara que corria uma milha em quatro minutos e um segundo. Era como se esses dois fatos estivessem tatuados na testa dele. Suas outras conquistas — na pista e fora dela — não importavam; ele se sentia estagnado. Em certo ponto, Steve já não queria mais participar dos eventos, nas pistas ou ao ar livre, nem por diversão, porque inevitavelmente seria lembrado pelo locutor ou por outra pessoa de sua identidade como corredor e do fato de que não havia melhorado desde o colégio. A cada menção ao passado, seu corpo era atravessado por um fluxo de ansiedade e medo e ele desejava se teletransportar para qualquer lugar longe dali. Essa identidade era um peso torturante porque Steve achava que nunca estaria à altura dela. Em vez de ser motivo de orgulho, seu grande sucesso inicial no esporte se tornou uma fonte de vergonha, confirmando o fracasso de Steve em concretizar seu potencial — e, pior, em corresponder às expectativas das pessoas.

O tempo passou. Steve amadureceu e fez a transição para outras áreas, como coaching e escrita, mas demorou muitos anos para resolver essa questão. No fim das contas, concluiu que sua identidade não era definida por nenhum momento ou atividade, reescreveu sua história interna e se convenceu de que possuía diversas habilidades e aptidões para oferecer ao mundo — além da capacidade de dar quatro voltas rápidas em torno de uma pista. Ironicamente, quando obteve reconhecimento em outros campos, Steve observou a mesma aplicação do estereótipo de "identidade". Agora, em vez de "corredor", era o "treinador", "cientista" ou "autor". Para todos os rótulos, o processo de estereotipagem era o mesmo. Porém, Steve constatou que, além de aceitar e ficar à vontade com qualquer rótulo, precisava ter sempre em mente a complexidade da sua verdadeira identidade — que nunca poderia ser tirada dele, mesmo no caso de um grande sucesso ou de um fracasso terrível.

Só em 2017, 14 anos após quebrar o recorde da modalidade no estado do Texas, Steve conseguiu superar a ideia de ter falhado como promessa do atletismo. Em 2017, o atleta Sam Worley quebrou o recorde dele. Para sua surpresa, Steve não ficou triste. E o mais surpreendente é que, tirando familiares próximos e fãs obstinados, ninguém percebeu nada. Naquele

> Nossas identidades são constructos formulados a partir das imagens que projetamos para os outros e das que eles projetam para nós.

momento, Steve compreendeu que ele próprio havia construído sua identidade como corredor fracassado e que fizera isso em uma proporção incompatível com o grau de *importância* que o mundo exterior atribuía à questão. Para um pequeno grupo que se lembrava de seus dias de glória na escola, Steve talvez fosse um corredor, o atleta que atingira tal marca ou uma promessa que não dera em nada. Mas, para as outras pessoas ele era só um coach, e para os leitores deste livro, talvez apenas um autor.

Nossas identidades são constructos formulados a partir das imagens que projetamos para os outros e das que eles projetam para nós. O mundo exterior está sempre atribuindo estereótipos, e não temos nenhum controle sobre isso. Mas podemos influenciar nossa autopercepção. Nossa identidade é construída em torno da história que contamos a nós mesmos. Logo, é importante lembrar que essa narrativa está em constante mudança, seguindo o fluxo da existência até o fim da vida. Embora seja um grande desafio, quase todos podem se desligar das identidades passadas e desenvolver outras no futuro.

No entanto, alguns não têm essa capacidade. Quando analisamos esses indivíduos, aprendemos mais a respeito da grande importância das narrativas internas.

A Prática da Paixão

- A forma como você elabora sua narrativa interna (a história que conta a si mesmo) é fundamental para se desligar de uma paixão;
- Quando chegar a hora de mudar, não negue nem omita o fato de que a paixão foi uma parte importante de sua vida. Aprecie essa experiência e aproveite o conhecimento adquirido quando praticar suas futuras atividades;
- Em vez de se voltar rapidamente para outro objeto de desejo, crie espaço para refletir sobre a paixão e o impacto dela em sua vida;
- A atividade pode mudar, mas os aspectos profundos da personalidade que alimentaram a paixão não mudam. Aplique esses fatores ao próximo capítulo de sua vida.

EM ALGUM MOMENTO, QUASE TODOS OS ALUNOS SE deparam com o mesmo dilema: como se lembrar de todos os fatos e números que a escola colocou em suas cabeças nos últimos meses. Querem se lembrar da data em que os Aliados desembarcaram nas praias da Normandia, dos elementos da tabela periódica e de tudo que ocorre no Capítulo 3 do romance *Um Conto de Duas Cidades*. Virando a noite em outra sessão de estudo, intensiva e urgente, adolescentes do mundo todo sonham com uma memória fotográfica, com a capacidade de executar pesquisas precisas, estilo Google, na mente. Algumas pessoas têm esses recursos.

A hipertimesia (também conhecida como síndrome da supermemória ou HSAM) é uma forma de memória fotográfica. Os indivíduos com HSAM têm a estranha habilidade de recordar detalhes exatos das experiências passadas. Um exemplo: você sabe o que ocorreu no 3º episódio da 6ª temporada da série *Friends*? E o placar de um jogo de beisebol entre Giants e Astros no verão de 1993? Os nomes de todos os personagens do romance *As Correções*, de Jonathan Franzen? Uma pessoa com HSAM consegue se lembrar de tudo isso com precisão se tiver participado do evento (ou seja, se tiver assistido, lido, escutado ou acompanhado no local.) Há o caso incrível de uma pessoa com HSAM que perdeu parte do diário que mantinha na infância. Décadas depois, reescreveu todos os seus pensamentos da época. A memória associada à HSAM é impressionante.

As vantagens são evidentes: um desempenho superior em jogos de perguntas e respostas, em um sistema pedagógico baseado na memorização mecânica e na habilidade de recordar de praticamente tudo com muita exatidão — e com a percepção de mudanças milimétricas —; esse poder sem dúvida é útil para muitas profissões. Mas e as desvantagens?

Imagine uma experiência comum e dolorosa: a superação de um relacionamento. No momento da separação, começamos a controlar nossa história. Nosso parceiro ou parceira — a quem, há poucos dias, elogiávamos para amigos e familiares, mencionando a possibilidade de casamento — repentinamente se torna um ser humano desprezível ou alguém que evoca a ideia de "antes só do que mal acompanhado". Listamos seus defeitos e montamos uma narrativa apontando por que ela era a pessoa errada, descrevendo, *no presente*, o péssimo tratamento que recebemos dela. Com o tempo, tentamos excluir a pessoa de nossa vida: nos planos simbólico (da mente) e material (dos feeds do Facebook e dos álbuns de fotos). Nosso desligamento de uma relação que não deu certo depende em grande parte da capacidade de mudar nossa história.

Em um episódio recente do programa de rádio *This American Life*, Jill Price, uma portadora de HSAM, descreveu a experiência singular que teve ao perder entes queridos e terminar um relacionamento.[9] Ela se lembra vividamente de todas as suas experiências — filmes, flores e jantares a dois — como se os eventos estivessem ocorrendo agora. Sua memória é tão detalhada e imersiva que Jill revive de maneira constante cada momento no presente. Ela tem uma grande frustração: é incapaz de se iludir. Jill não pode se convencer de que seu ex era um cara ruim nem enfatizar as qualidades negativas dele e esquecer seu lado bom. Sua versão da realidade não passa por nenhuma edição. Ela não consegue mudar sua história nem reformular os eventos de forma seletiva para se desligar.

Analisando os casos de indivíduos com HSAM, observamos o que acontece quando perdemos o controle de nossa história, quando não temos a opção de editá-la e ficamos atrelados a uma única interpretação dos eventos. Imagine que um produtor de

Hollywood deseja filmar a cinebiografia de Abraham Lincoln. Ele tem duas opções. Primeiro, o produtor recebe um roteiro com os detalhes exatos da vida do presidente. Ele não pode reduzir nem cortar as cenas irrelevantes para a trama. Se filmar esse roteiro, o produtor criará uma obra lenta, com muitas horas de duração e que provavelmente será um fracasso de bilheteria.

Sua segunda opção é a licença poética. Ele pode deixar a trama mais ágil, preservando a essência da história de Lincoln. Pode cortar cenas do cotidiano para chegar aos pontos principais. Pode minimizar os aspectos mais datados da personalidade de Lincoln e destacar as características que fizeram do presidente norte-americano um herói para muitos. Pode sintetizar a vida de Lincoln em um filme de duas horas com um enredo fiel ao presidente, focando os principais momentos e suprimindo muitos detalhes triviais. Na segunda opção, o produtor elabora a história da melhor forma possível e transmite uma mensagem poderosa por meio de uma obra de qualidade.

Como você deve ter notado, os portadores da HSAM só têm a primeira opção — não conseguem esquecer nem editar detalhes e emoções associadas a experiências passadas. Porém, a maioria de nós é capaz de editar a narrativa interna para beneficiar a própria existência. Em muitos casos, superamos momentos difíceis produzindo uma versão do diretor para nossas vidas, suavizando os pontos mais controversos de experiências passadas.

A INFLUÊNCIA DA NARRATIVA INTERNA SOBRE SUA identidade é maior do que a da busca. A forma como você elabora sua história determina seus sentimentos e ações no momento de se desligar de uma paixão. É fascinante: ao assumir o controle e criar sua narrativa, você também passa a controlar e criar sua vida. Como vimos no insight de Abby Wambach, a mágica está no meio do caminho, no ar. Isso se aplica não só às transições, esses importantes espaços intermediários, mas à forma como se internaliza uma paixão anterior. Embora não seja saudável vincular totalmente sua identidade a um evento passado, não há como negar o grande peso da paixão em sua vida. Muitas vezes, o melhor caminho é encontrar um meio-termo.

ENTÃO, ASSUMA O CONTROLE E ESCREVA SUA HISTÓRIA para controlar e escrever sua vida.

Como a adoção da mentalidade de domínio e o desenvolvimento da autoconsciência, o ato de escrever sua história não é um processo automático. Quando nos desligamos de uma paixão, a reação-padrão é sucumbir às emoções negativas e tentar preencher o vazio com o objeto mais próximo; por isso, muitos que se afastam de paixões produtivas adquirem vícios destrutivos. Portanto, agora que já conhece essa armadilha, implemente as medidas necessárias para não cair nela. Pare um pouco e crie um espaço para refletir sobre como escreverá sua história. Depois, quando for escrever, fique atento para não encerrar a narrativa com a paixão. Desenvolva mais a história, incorporando a experiência de vida proporcionada pela paixão e os aspectos mais profundos de sua personalidade, que alimentaram esse desejo. Lembre-se: de certa forma, não nos desligamos de uma paixão; estamos avançando para a próxima. É a natureza humana: sua narrativa será um guia. Só depende de você definir a direção que seguirá.

CONCLUSÃO

Vivendo uma Paixão Produtiva

As palestras e discursos motivacionais não mudarão tão cedo. Encontrar, seguir e viver uma paixão continuarão sendo chavões. Aplicar essas orientações de forma positiva depende de quem recebe a mensagem e da maneira como ela é recebida. Viver uma paixão de modo insensato pode ser muito prejudicial e destrutivo. Seguir uma paixão de forma consciente é a chave para uma vida bem vivida. *Essa* é a nossa conclusão depois de pesquisar, fazer reportagens e escrever este livro.

Para viver uma paixão conscientemente, primeiro devemos compreender que, no início, a paixão não é boa nem ruim; ela é o que *é*: uma emoção intensa gerada por fatores biológicos e psicológicos. Não encontramos esse desejo por meio de mágica. Na verdade, desenvolvemos a paixão seguindo nossos interesses e dedicando mais tempo e energia a eles. O próximo passo é reconhecer o lado sombrio da paixão. Você deve compreender as armadilhas da paixão obsessiva e da paixão vinculada ao medo — e praticar as ações necessárias para evitá-las — para que sua busca se torne produtiva. Mas só evitar as armadilhas não é suficiente. Outro desafio é impedir as tendências que priorizam a gratificação instantânea e adotar a mentalidade de domínio: para isso, preserve a motivação interna; mantenha o foco no processo, não nos resultados; dedique-se a ser o melhor em melhorar, não o melhor de todos; obtenha ganhos crônicos a partir de falhas agudas; seja paciente e invista totalmente sua atenção nas atividades. Cultivar essas práticas abre as portas da paixão harmoniosa, a melhor variedade, e do tipo especial de Qualidade que ela expressa. No entanto, é importante lembrar que a harmonia da paixão pode desorganizar outras áreas de sua vida. No geral, a ideia de "equilíbrio" é uma ilusão, *principalmente* quando estamos absortos na paixão.

> *Viver uma paixão de modo insensato pode ser muito prejudicial e destrutivo. Seguir uma paixão de forma consciente é a chave para uma vida bem vivida.*

Em vez de buscar o equilíbrio, desenvolva a autoconsciência. A autoconsciência — que, paradoxalmente, surge com o distanciamento do "eu" — é a única força capaz de se contrapor ao fluxo intenso da paixão. Com essa ferramenta, você controla a paixão e evita que ela assuma o controle. Além disso, a autoconsciência possibilita uma avaliação honesta dos custos da paixão e, portanto, a *escolha* da melhor maneira de avançar. Quando sua paixão é harmoniosa e você sabe o que está sacrificando nessa busca, não há nenhuma escolha "errada". A única escolha equivocada é perder a capacidade de optar com inteligência. Ao fazer escolhas sobre como seguir a paixão e quanto tempo e energia investir nela, sempre decida como o autor de sua própria história. Embora a paixão seja um componente dessa narrativa, nunca deve ser o único tema. Escreva capítulos que desenvolvam outros caminhos além da paixão — sua vida depende disso.

Infelizmente, os palestrantes da área motivacional não abordam essas lições. Elas não rendem boas frases de efeito e não são muito positivas. No entanto, são essenciais para quem deseja encontrar e viver uma paixão, mesmo que expressem uma verdade difícil, desconfortável e confusa.

A paixão pode se transformar em uma energia incrível e revitalizante, mas também pode gerar uma tempestade destrutiva e fatal. A paixão move o mundo. É uma fonte de vida e alegria, mas também provoca tristeza e depressão. A paixão produz medalhistas olímpicos e estelionatários olímpicos. Ela dá origem a casamentos, mas também destrói casamentos. Pode estimular uma imensa criatividade e desencadear um vício debilitante. A paixão é a emoção mais intensa de todas.

Dádiva ou maldição — essa escolha só depende de você.

Notas

1: A PAIXÃO EXIGE CUIDADO

1. C. Jordan, "Gown Alert: Bon Jovi to Address Rutgers-Camden Commencement", *app.*, 3 de abril de 2015. Disponível em: http://www.app.com/story/entertainment/2015/04/03/gown-alert-bon-jovi-to-address-rutgers-camden-commencement/70873794/.

2. Elon Musk (@elonmusk), "The reality is greathighs, terrible lows, and unrelenting stress. Don't think people want to hear about the last two", Twitter, 30 de julho de 2017, 1h23. Disponível em: https://twitter.com/elonmusk/status/891710778205626368.

2: AS ORIGENS DA PAIXÃO: UMA BREVE HISTÓRIA DE SOFRIMENTO E AMOR

1. Entrevista com Timothy K. Beal, 12 de agosto de 2016.

2. W. Shakespeare, *Titus Andronicus*, Ato II, Cena I. Disponível em: http://shake speare.mit.edu/titus/full.html.

3. A. Dreber et al., "The 7R Polymorphism in the Dopamine Receptor D4 Gene (DRD4) Is Associated with Financial Risk Taking in Men", *Evolution and Human Behavior* 30, n.2 (março de 2009): 85– 92. Disponível em: http://www.sciencedirect.com/science/article/pii/S1090513 808001165.

4. Entrevista com Ann Trason, realizada por Brad para o artigo "What's Behind the Relentless Pursuit of Excellence?", *Outside,* 7 de março de 2016.

5. D.H. Zald et al., "Midbrain Dopamine Receptor Availability Is Inversely Associated with Novelty-Seeking Traits in Humans", *Journal of Neuroscience* 28, n.53 (31 de dezembro de 2008): 14377. Disponível em: http://www.jneurosci.org/content/28/53/14372.short.

6. M. Lewis, PhD, *The Biology of Desire: Why Addiction Is Not a Disease* (Nova York: PublicAffairs, 2016), 42.

7. "The 2009 MF 25", *Men's Journal.* Disponível em: https://www.mensjournal.com/health-fitness/2009-mf-25.
8. Várias entrevistas com Rich Roll, agosto de 2016.
9. Entrevista com Alan St Clair Gibson, realizada por Brad para o artigo "What's Behind the Relentless Pursuit of Excellence?".
10. D. Collins e A. MacNamara, "The Rocky Road to the Top: Why Talent Needs Trauma", *Sports Medicine* 42, n.11 (setembro de 2012): 907–14. Disponível em: https://www.ncbi.nlm.nih.gov/pubmed/23013519.
11. Entrevista com Gibson para o artigo "What's Behind the Relentless Pursuit of Excellence?"
12. M. Lewis, *The New New Thing: A Silicon Valley Story* (Nova York: W. W. Norton, 2014), 58.
13. Ibid.
14. Lewis, *Biology of Desire*, 66.
15. M. Szalavitz, "The 4 Traits That Put Kids at Risk for Addiction", *The New York Times*, 29 de setembro de 2016.
16. P. Conrod et al., "Effectiveness of a Selective, PersonalityTargeted Prevention Program for Adolescent Alcohol Use and Misuse: A Cluster Randomized Controlled Trial", *JAMA Psychiatry* 70, n.3 (março de 2013): 334–42. Disponível em: https://www.ncbi.nlm.nih.gov/pubmed/23344135.
17. M. Szalavitz, *Unbroken Brain: A Revolutionary New Way of Under- standing Addiction* (Nova York: Picador, 2017), 7.

3: ENCONTRE E DESENVOLVA SUA PAIXÃO

1. Marist Poll, "Do you believe in the idea of soul mates, that is, two people who are destined to be together?", 6–10 de janeiro de 2011. Disponível em: http://maristpoll.marist.edu/wp-content/misc/usapolls/US110106/Soul%20Mates/Americans_Who_Believe_in_ Soul_Mates.htm.
2. C.R. Knee, H. Patrick, N. Vietor e C. Neighbors, "Implicit Theories of Relationships: Moderators of the Link Between Conflict and Commitment", *Personality and Social Psychology Bulletin* 30, n.5 (maio de 2004): 617–28.

3. P. Chen, P. C. Ellsworth e N. Schwarz, "Finding a Fit or Developing It: Implicit Theories About Achieving Passion for Work", *Personality and Social Psychology Bulletin* 41, n. 10 (outubro de 2015): 1411–24, DOI: 10.1177/0146167215596988.

4. Chen et al., "Finding a Fit or Developing It".

5. G. Pezzulo e P. Cisek, "Navigating the Affordance Landscape: Feedback Control as a Process Model of Behavior and Cognition", *Trends in Cognitive Sciences* 20, n.6 (junho de 2016): 414–24. Disponível em: https://doi.org/10.1016/j.tics.2016.03.013.

6. R. Ryan e E. Deci, "Self-Determination Theory and the Facilitation of Intrinsic Motivation, Social Development, and WellBeing", *American Psychologist* 55, n.1 (janeiro de 2000): 68–78, DOI: 10.1037110003-066X.55.1.68.

7. D. Liu, X.P. Chen e X. Yao, "From Autonomy to Creativity: A Multilevel Investigation of the Mediating Role of Harmonious Passion", *Journal of Applied Psychology* 96, n.2 (março de 2011): 294–309, DOI: 10.1037/a0021294.

8. E. Luna, *The Crossroads of Should and Must* (Nova York: Workman, 2015), 25.

9. J. Raffiee e J. Feng, "Should I Quit My Day Job?: A Hybrid Path to Entrepreneurship", *Academy of Management Journal* 57, n.4 (outubro de 2013): 948. Disponível em: https://doi.org/10.5465/amj.2012.0522.

10. *Harvard Business Review*, "Why Going All-In on Your Start-Up Might Not Bethe Best Idea", agosto de 2014. Disponível em https://hbr.org/2014/08/why-going-all-in-on-your-start-up-might-not-be-the-best-idea.

11. M. Lewis, *Moneyball* (Nova York: W. W. Norton & Company, 2003), 193.

12. N.N. Taleb, *Antifragile* (Nova York: Random House, 2014), 161–7.

13. B. Stulberg, "No One Wants to Talk About Death, but You Need to Anyway", *Los Angeles Times*, 30 de dezembro de 2013.

14. Luna, *Crossroads of Should and Must*, 34.

15. Thich Nhat Hanh, *The Heart of the Buddha's Teaching* (Nova York: Broadway Books, 1999), 185.

4: QUANDO A PAIXÃO VAI PELO CAMINHO ERRADO

1. P. Lattman, "Enron: Skilling and Petrocelli's Passion Play", *Wall Street Journal Law Blog* (blog), 16 de maio de 2006.
2. N. Stein, "The World's Most Admired Companies", *Fortune*, 2 de outubro de 2000.
3. M. McFarland, "'This Is What I Was Put on Earth to Do': Elizabeth Holmes and the Importance of Passion", *Washington Post*, 12 de outubro de 2015.
4. McFarland, "'This Is What I Was Put on Earth to Do'."
5. N. Bilton, "Exclusive: How Elizabeth Holmes's House of Cards Came Tumbling Down", *Vanity Fair*, setembro de 2016.
6. Proposta de sanções do HSS para Elizabeth Holmes. Disponível em: http://online.wsj.com/public/resources/documents/cms20160412.pdf.
7. S. Buhr, "Theranos Reaches Settlement with Investor Partner Fund Management", TechCrunch, 1º de maio de 2017.
8. S. A. O'Brien, "Theranos Founder Elizabeth Holmes Charged with Massive Fraud", *CNNMoney* (blog), CNN, 14 de março de 2018.
9. Epictetus, *Discourses and Selected Writings*, ed. R. Dobbin (Nova York: Penguin Classics, 2008), 175.
10. E. Fromm, *To Have or to Be?* (Nova York: Harper & Row, 1976), 63.
11. D. Whyte, *The Three Marriages: Reimagining Work, Self and Rela-tionship* (Nova York: Riverhead Books, 2010), 155.
12. A. Wilson e L. Potwarka, "Exploring Relationships Between Passion and Attitudes Toward Performance-Enhancing Drugs in Canadian Collegiate Sports Contexts", *Journal of Intercollegiate Sport* 8, n.2 (dezembro de 2015): 227–46. Disponível em https://doi.org/10.1123/jis.2014-0093.
13. World Anti-Doping Agency, "Death for Performance—What would athletes trade-off for success?". Disponível em: https://www.wada-ama.org/sites/default/files/resources/files/connor_project_summary.pdf.
14. D. Schawbel, "Alex Rodriguez: What Most People Don't Know About Being a Top Athlete", *Forbes*, 18 de maio de 2016.
15. D. Moceanu, *Off Balance: A Memoir* (Nova York: Touchstone, 2013), 115.

16. 16. Ibid., 141.
17. J. J. Bélanger, M.A.K. Lafrenière, R.J. Vallerand e A.W. Kruglanski, "Driven by Fear: The Effect of Success and Failure Information on Passionate Individuals' Performance", *Journal of Personality and Social Psychology* 104, no.1 (2013): 180–95. Disponível em http://dx.doi.org/10.1037/a0029585.
18. K. Starr, "The Downside of Following Passion", *The Atlantic*, 5 de setembro de 2012.
19. D.E. Conroy, J. P. Willow e J.N. Metzler, "Multidimensional Fear of Failure Measurement: The Performance Failure Appraisal Inventory", *Journal of Applied Sport Psychology* 14, no. 2 (2002): 76–90, DOI: 10.1080/10413200252907752.
20. S. Beecham, *Elite Minds: How Winners Think Differently to Create Competitive Edge and Maximize Success* (Nova York: McGrawHill Education, 2016), 67.

5: O MELHOR TIPO DE PAIXÃO

1. Fromm, *To Have or to Be?*, 51.
2. C. Gaines, "Katie Ledecky Explains Why She Is Passing Up an Estimated $5 Million per Year in Endorsements", *Business Insider*, 24 de agosto de 2016.
3. E.B. Falk, M.B. O'Donnell, C.N. Cascio, et al., "Self-Affirmation Alters the Brain's Response to Health Messages and Subsequent Behavior Change", *PNAS* 112, n.7 (fevereiro de 2015): 1977–82; divulgado antes da publicação em 2 de fevereiro de 2015. Disponível em: https://doi.org/10.1073/pnas.1500247112.
4. R.M. Rilke, *Letters to a Young Poet* (Novato, CA: New World Library), 16.
5. W. T. Gallwey, *The Inner Game of Tennis: The Classic Guide to the Mental Side of Peak Performance* (Nova York: Random House, 1997), 116–7.
6. B. Stulberg, "Big Goals Can Backfire. Olympians Show Us What to Focus on Instead", *New York*, 3 de agosto de 2016.
7. M.W. Howe, P.L. Tierney, S. G. Sandberg, et al., "Prolonged Dopamine Signalling in Striatum Signals Proximity and Value of Distant Rewards", *Nature* 500, n.7464 (agosto de 2013): 575–9, DOI: 10.1038/nature12475.

8. Y. Goto e A.A. Grace, "Dopaminergic Modulation of Limbic and Cortical Drive of Nucleus Accumbens in Goal-Directed Behavior", *Nature Neuroscience* 8, n.5 (maio de 2005): 805–12. Disponível em: https://doi.org/10.1038/nn1471.

9. D. Collins, A. MacNamara e N. McCarthy, "Super Champions, Champions, and Almosts: Important Differences and Commonalities on the Rocky Road", *Frontiers in Psychology* 6, n.2009 (janeiro de 2016): 1–11, DOI: 10.3389/fpsyg.2015.02009.

10. Declaração da Amazon para a SEC. Disponível em: http://phx.corporate-ir.net/phoenix.zhtml?c=97664&p=irol-SECText&TEXT=aHR0cDovL2FwaS50ZW5r d2l6YXJkLmNvbS9maWxpbmcueG1sP2lwYWdlPTk1MjIwMzg mRFNFUT0wJlNFUT0wJlNRREVTQz1TRUNUSU9OX0VOVElSRSZzdWJzaWQ9NTc%3d.

11. J.S. Moser, H.S. Schroder, C. Heeter, et al., "Mind Your Errors: Evidence for a Neural Mechanism Linking Growth Mind-Set to Adaptive Posterror Adjustments", *Psychological Science* 22, n.12 (outubro de 2011): 1484–9, DOI: 10.1177/0956797611419520.

12. T.D. Wilson, D.A. Reinhard, E.C. Westgate, et al., "Just Think: The Challenges of the Disengaged Mind", *Science* 345, n.6192 (julho de 2014): 75–7, https://doi.org/10.1126/science.1250830.

13. G. Leonard, *The Way of Aikido: Life Lessons from an American Sensei* (Nova York: Plume, 2000), 171 (grifo nosso).

14. G. Leonard, *Mastery: The Keys to Success and Long-Term Fulfillment* (Nova York: Plume, 1992), 21–3.

15. G. Leonard, ed., "Playing for Keeps: The Art of Mastery in Sport and Life", *Esquire*, maio de 1987.

16. R. M. Pirsig, *Zen and the Art of Motorcycle Maintenance* (Nova York: HarperTorch, 2006), 171.

17. M. Crawford, *Shop Class as Soulcraft* (Nova York: Penguin Press, 2009), 194.

18. A. de Botton, *How Proust Can Change Your Life* (Nova York: Pantheon, 1997).

19. R. Friedman, A. Fishbach, J. Förster e L. Werth, "Attentional Priming Effects on Creativity", *Creativity Research Journal* 15, ns.2–3 (2003): 277–86. Disponível em https://doi.org/10.1080/10400419.2003.9651420.

20. A. Dijksterhuis e H. Aarts, "Goals, Attention, and (Un)consciousness", *Annual Review of Psychology* 61 (janeiro de 2010): 467–90, DOI: 10.1146/annurev.psych.093008.100445.

21. Pirsig, *Zen and the Art of Motorcycle Maintenance*, 299–310.

22. Leonard, *Mastery*, 40.

23. Fromm, *To Have or to Be?*, 117–8.

24. F. Mullan, "A Founder of Quality Assessment Encounters a Troubled System Firsthand", *Health Affairs* 20, n.1 (janeiro/fevereiro de 2001): 137–41. Disponível em: https://doi.org/10.1377/hlthaff.20.1.137.

25. T. Curran, A.P. Hill, P.R. Appleton et al., "The Psychology of Passion: A Meta-Analytical Review of a Decade of Research on Intrapersonal Outcomes", *Motivation and Emotion* 39, n.5 (2015): 631–55. Disponível em: http://dx.doi.org/10.1007/s11031-015-9503-0.

6: A ILUSÃO DO EQUILÍBRIO

1. E.J. Rohn, *Leadingan Inspired Life* (Chicago: Nightingale Conant, 2010).

2. George Washington University, "Demand Work-Life Balance Training", https://hr.gwu.edu.

3. B. Stulberg, "Maybe We All Need a Little Less Balance", *Well* (blog), *The New York Times*, 22 de agosto de 2017.

4. L. Du, "Warren Buffett's High School Yearbook Foreshadowed His Future Career", *Business Insider*, 6 de junho de 2012.

5. J. Surowiecki, " 'Becoming Warren Buffett,' The Man, Not the Investor", *New Yorker*, 31 de janeiro de 2017.

6. *Becoming Warren Buffett*, dirigido por Peter Kunhardt; HBO Documentary Films, 30 de janeiro de 2017.

7. Surowiecki, "'Becoming Warren Buffett,' The Man, Not the Investor".

8. S. Begum, "The Son Gandhi Disowned", *Manchester Evening News*, 20 de agosto de 2007.

9. Aristotle, *The Nicomachean Ethics*, ed. Lesley Brown, trad. David Ross (Oxford, RU: Oxford University Press, 2005), 190 (grifo nosso).

10. B. Stulberg, "Shalane Flanagan on How to Achieve Peak Performance", *Outside*, 21 de fevereiro de 2018.
11. D.S. Ridley, P.A. Schutz, R.S. Glanz e C.E. Weinstein, "Self-Regulated Learning: The Interactive Influence of Metacognitive Awareness and Goal-Setting", *Journal of Experimental Education* 60, n.4 (1992): 293–306. Disponível em http://dx.doi.org/10.1080/00220973.1992.9943867; S.L. Franzoi, M.H. Davis e R.D. Young, "The Effects of Private Self-Consciousness and Perspective Taking on Satisfaction in Close Relationships", *Journal of Personality and Social Psychology* 48, n.6 (junho de 1985): 1584–94; P.J. Silvia e M.E. O'Brien, "Self-Awareness and Constructive Functioning: Revisiting the Human Dilemma", *Journal of Social and Clinical Psychology* 23, n.4 (agosto de 2004): 475–89, DOI: 10.1521/jscp.23.4.475.40307.
12. C.R. Cloninger, "The Science of Well-Being: An Integrated Approach to Mental Health and Its Disorders", *World Psychiatry* 5, n.2 (junho de 2006): 71–6.

7: A AUTOCONSCIÊNCIA E O PODER DA ESCOLHA

1. S. Lindley, *Surfacing: From the Depths of Self-Doubt to Winning Big and Living Fearlessly* (Boulder, CO: VeloPress, 2016), 183.
2. R. Ellison, *The Invisible Man* (Nova York: Vintage, 1995), 103.
3. S. Vazire e E.N. Carlson, "Others Sometimes Know Us Better Than We Know Ourselves", *Current Directions in Psychological Science* 20, n.2 (2011): 104–8, DOI: 10.1177/0963721411402478.
4. K. Crouse, "Adam Rippon on Quiet Starvation in Men's Figure Skating", *The New York Times*, 2 de fevereiro de 2018.
5. B. Stulberg, "To Navigate a Challenge, Pretend You're Giving Advice to a Friend", *The Cut* (blog), *New York*, 21 de fevereiro de 2017.
6. I. Grossmann e E. Kross, "Exploring Solomon's Paradox: Self-Distancing Eliminates the Self-Other Asymmetry in Wise Reasoning About Close Relationships in Younger and Older Adults", *Psychological Science* 25, n.8 (agosto de 2014): 1571–80. Disponível em: https://doi.org/10.1177%2F0956797614535400.

7. A. Rivas, "Writing in the Third Person Helps Stressed People Understand Their Circumstances More Wisely", *Medical Daily*, 10 de junho de 2014. Disponível em: http://www.medicaldaily.com/writing-third-person-helps-stressed-people-understand-their-circumstances-more-wisely-287460.
8. Ö. Ayduk e E. Kross, "From a Distance: Implications of Spontaneous Self-Distancing for Adaptive Self-Reflection", *Journal of Personality and Social Psychology* 98, n.5 (maio de 2010): 809–29, DOI: 10.1037/a0019205.
9. R. Garan, "Seeing Earth from Space", *Fragile Oasis* (blog), 26 de setembro de 2013. Disponível em: http://www.fragileoasis.org/blog/2013/9/seeing-earth-from-space/.
10. F. White, *The Overview Effect: Space Exploration and Human Evolution* (Reston, VA: American Institute of Aeronautics and Astronautics, 1998), 1.
11. D. Keltner, "Why Do We Feel Awe?", *Greater Good*, 10 de maio de 2016. Disponível em http://greatergood.berkeley.edu/article/item/why_do_we_feel_awe.
12. D. Keltner e J. Haidt, "Approaching Awe, a Moral, Spiritual, and Aesthetic Emotion", *Cognition and Emotion* 17, n.2 (2003): 297–314. Disponível em: https://doi.org/10.1080/02699930302297.
13. K. Tippett, *Becoming Wise: An Inquiry into the Mystery and Art of Living* (Nova York: Penguin Books, 2017), 12.
14. D. Keltner, "Why Do We Feel Awe?"
15. Seneca, *Moral Letters to Lucilius*, vol. 3, trad. R.M. Gummere (Toronto, ON: Aegitas Digital Publishing, 2015), posição 106, ebook.
16. J. Kabat-Zinn, *Wherever You Go, There You Are: Mindfulness Meditation in Everyday Life* (Nova York: Hachette Books, 2005), xvi.
17. Seneca, *On the Shortness of Life: Life Is Long If You Know How to Use It*, trad. C.D.N. Costa (Nova York: Penguin Books, 2005), 13.
18. N. Riggs, *The Bright Hour: A Memoir of Living and Dying* (Nova York: Simon & Schuster, 2017), 243.

8: VIRANDO A PÁGINA: COMO SE DESLIGAR DE UMA PAIXÃO COM INTELIGÊNCIA

1. A. Wambach, *Forward: A Memoir* (Nova York: Dey Street Books, 2016), 32.
2. Ibid., 161–70.
3. M.S. Gazzaniga, "The Split Brain in Man", *Scientific Ameri can* 217, n. 2 (1967): 24–9. Disponível em http://dx.doi.org/10.1038/scientificamerican0867-24.
4. C.S. Dweck, *Mindset: The New Psychology of Success* (Nova York: Ballantine Books, 2007).
5. M. Kees, L.S.Nerenberb, J. Bachrach e L.A. Sommer, "Changing the Personal Narrative: A Pilot Study of a Resiliency Intervention for Military Spouses", *Contemporary Family Therapy* 37, n.3 (setembro de 2015): 221–31. Disponível em https://doi.org/10.1007/s10591-015-9336-8.
6. Tippett, *Becoming Wise*, 52.
7. Wambach, *Forward*, 171–2. 8. Ibid., 228.
8. *This American Life*, episódio 585, "In Defense of Ignorance", NPR, 22 de abril de 2016, https://www.thisamericanlife.org/radio-archives/episode/585/in-defense-of-ignorance.

Sobre os Autores

Brad Stulberg atua como coach, pesquisador, autor e palestrante nas áreas de saúde e performance. Como coach, trabalha com atletas, empreendedores e executivos na otimização de seus desempenhos e bem-estar. Brad é colunista da revista *Outside* e já escreveu artigos para o *New York Times, New York, Sports Illustrated, Wired, Forbes* e *Los Angeles Times*. Anteriormente, Stulberg atuava como consultor na McKinsey & Company, orientando alguns dos principais executivos do mundo em diversas questões. Atleta inveterado e entusiasta da vida ao ar livre, Stulberg mora em Oakland, na Califórnia, com sua esposa, seu filho e seus dois gatos. Acompanhe a conta dele no Twitter: @BStulberg.

Steve Magness atua na preparação de alguns dos melhores maratonistas do mundo e já treinou vários atletas que chegaram a etapas de qualificação olímpica, equipes vencedoras de campeonatos mundiais e Olimpíadas. Famoso por sua técnica, que combina ciência e prática, Steve está na vanguarda das inovações no esporte. Já apresentou seu trabalho como especialista na *Runner's World, The New York Times, New Yorker,* BBC, *Wall Street Journal* e *ESPN The Magazine*. Seu primeiro livro, *The Science of Running*, foi publicado em 2014. Steve mora em Houston, no Texas. Acompanhe a conta dele no Twitter: @SteveMagness.

Índice

A
Abby Wambach, 142, 150
Adam Rippon, 125
Adaptação hedônica, 60, 63
Afeto arrebatador, 14
Áine MacNamara, 90
Alan St. Clair Gibson, 22
Alexander Hamilton, 111
Angústia, 57
Ann Transon, 16
Apatia, 114
Aperfeiçoamento contínuo, 89
Aristóteles, 112
Arrependimento, 6
Atenção total, 100
Autenticidade, 40
Autoaperfeiçoamento, 26
Autoavaliação, 86, 124, 150
Autoconhecimento, 41
Autoconsciência, 2, 29, 115, 123, 158
   prática da, 116
   profunda, 122
Autodistanciamento, 116, 128, 138
Autoestima, 57
Autopercepção, 6, 154
Autorrealização, 13, 40
Avanços crônicos, 89

B
Barry Bonds, 9
Bon Jovi, 5, 13

Brenda Martinez, 83
Brett Bartholomew, 95
Burnout, 2, 4, 113

C
Caminho
   da mediocridade, 108
   do domínio, 77
Carol Dweck, 146
Chris Lukezic, 143
Ciclo
   da inércia emocional, 81
   de dependência de dopamina, 24
   de desejo, 18
Ciência comportamental, 59
Cinco Lembranças, 136
Conexão neural, 37
Crença no amor como destino, 32
Crises de meia-idade, 34
C. Robert Cloninger, 17
Curiosidade, 38

D
Dacher Keltner, 130
Dave Collins, 90
David Conroy, 67
Dedicação
   focada, 99
   total, 97
Depressão, 114, 141
Desejo insaciável, 15

Desequilíbrio, 118
Dominique Moceanu, 64
Dopamina, 14, 18, 85

E
Edward Deci, 40
Efeito do objetivo próximo, 68
Elizabeth Holmes, 55
Elle Luna, 43
Elon Musk, 6
Empreendedorismo híbrido, 44
Equilíbrio, 105
   busca pelo, 106
   foco no, 107
   viver sem, 112
Erich Fromm, 74
Escolhas conscientes, 126
Estratégia do haltere, 45
Estresse produtivo, 113
Ethan Kross, 128
Eudaimonia, 74
Experiência
   de vida, 3
   disruptiva, 23
   profissional, 3

F
Fascínio, 130
Fit mindset, 33
Foco
   no processo, 83
   total, 14
Fracasso, 62, 91
   medo do, 62, 91
Fragilidade do ego, 23
Frustração intensa, 6

G
Geoffrey Chaucer, 12
Gratificação instantânea, 75

H
Hereditariedade, 20

I
Idade das Trevas, Europa, 12
Identidade, 58
Imersão
   no presente, 99
   total, 14
Ímpeto, 2
   obstinado, 1
Importância da atenção, 99
Insatisfação, 3
Insegurança, 21
Interesse, 36

J
James Cameron, 35
Jeffrey Skilling, 9, 53
Jim Clark, 24
Jim Rohn, 105
John Grisham, 48
Jon Kabat-Zinn, 135

K
Katie Ledecky, 9, 77
Krista Tippett, 132

M
Maia Szalavitz, 26
Marc Lewis, 18
Marissa Neuman, 35

Meditação, 133
Mentalidade
  da paixão fulminante, 34
  de domínio, 75, 92, 110, 121
  de ligação ideal, 37
  de prevenção, 68
  de promoção, 68
  do amor à primeira vista, 34
  do supercampeão, 93
Michael Lewis, 24
Mindfulness, 133
Mohandas Gandhi, 111
Motivação, 15, 40, 70, 90
  consolidar a, 96
  externa, 81
  interna, 76, 113, 160

N
Narrativa interna, 145, 154
Neil McCarthy, 90
Neurociência integrativa, 22
Nina Riggs, 137

O
Opção deliberada, 122
Overview effect, 129
Özlem Ayduk, 128

P
Paciência, 93
Padrões motivacionais, 82
Paixão, 3
  absoluta, 54
  ápice da, 2
  apostar tudo na, 45
  como prática contínua, 3
  como sinal de excelência, 3
  consistente, 42
  conviver com a, 112
  cultivando uma, 42
  definição de, 12
  desligamento da, 150
  dinâmica da, 3
  dominado pela, 14
  espectro da, 4
  evolução de seu relacionamento
    com a, 88
  fixada nas recompensas, 69
  fluxo irresistível da, 7
  fragilidade da, 8
  harmoniosa, 71, 74, 94, 121, 160
  lado sombrio da, 51, 83, 92
  mecanismos bioquímicos associados
    à, 19
  obsessiva, 56, 81, 94, 160
  pela sobrevivência, 64
  plena, 42
  produtiva, 139
  rotas negativas associadas à, 6
  ruim, 51
  satisfação prometida pela, 6
  sombria, 3, 62
  vinculada ao medo, 64, 160
Passio, 11, 51
Patricia Conrod, 25
Perfil biológico, 28
Persistência, 17
Personalidade
  "de risco", 25
  humana, 17
  obsessiva, 94
Perspectiva, 129
  orbital, 129
  senso de, 130
Postura de exploração, 39
Predisposição

ao abandono, 34
ao vício, 25
Preventure, 25
Propósito, 96

Q
Qualidade de Pirsig, 101, 130

R
Rainer Maria Rilke, 81
Reatividade emocional, 128
Rebecca Rusch, 126
Reflexão sobre a mortalidade, 136
Resiliência, 147
Richard Ryan, 40
Rich Roll, 21, 107
Riscos construtivos, 68
Robert Pirsig, 97, 101
Robert Vallerand, 56
Roger Sperry, 145
Rota gradual, 48

S
Sentimento construtivo, 28
Shakespeare, 12
Shalane Flanagan, 117

Sigmund Freud, 22
Síndrome do "isso não é pra mim", 38
Siri Lindley, 119, 128
Sucesso, 62
Supercampeões, 90

T
Temperamento inato, 17
Teoria da autodeterminação, 40
    autonomia, 40
    competência, 40
    vínculo social, 40
Timothy Gallwey, 82
Timothy K. Beal, 11
Trauma, 23

V
Validação externa, 62
Valores centrais, 80
Verdade biológica, 15
Vícios destrutivos, 141
Vida "equilibrada", 9
Vincent Harding, 147

W
Warren Buffett, 9, 109

Projetos corporativos e edições personalizadas dentro da sua estratégia de negócio. Já pensou nisso?

Coordenação de Eventos
Viviane Paiva
viviane@altabooks.com.br

Assistente Comercial
Fillipe Amorim
vendas.corporativas@altabooks.com.br

A Alta Books tem criado experiências incríveis no meio corporativo. Com a crescente implementação da educação corporativa nas empresas, o livro entra como uma importante fonte de conhecimento. Com atendimento personalizado, conseguimos identificar as principais necessidades, e criar uma seleção de livros que podem ser utilizados de diversas maneiras, como por exemplo, para fortalecer relacionamento com suas equipes/ seus clientes. Você já utilizou o livro para alguma ação estratégica na sua empresa?

Entre em contato com nosso time para entender melhor as possibilidades de personalização e incentivo ao desenvolvimento pessoal e profissional.

PUBLIQUE **SEU LIVRO**

Publique seu livro com a Alta Books.
Para mais informações envie um e-mail para: autoria@altabooks.com.br

/altabooks   /alta-books   /altabooks   /altabooks

CONHEÇA OUTROS LIVROS DA **ALTA BOOKS**

Todas as imagens são meramente ilustrativas.

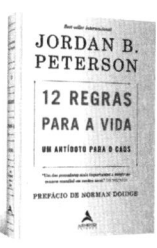

ALTA LIFE   ALTA NOVEL   ALTA CULT   ALTA BOOKS   alta club